社会保障のトリセツ
しゃかいほしょう

医療 年金 介護 労災 失業 障がい 子育て 生活保護
困ったときに役所の窓口に持っていく本

第2版

福岡大学法学部 教授
博士（法学） 山下 慎一

弘文堂

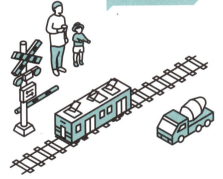

　この本は、公益財団法人トヨタ財団 2019年度イニシアティブプログラム（助成題目：「プロスポーツ選手の『2つの引退』から、働き方と社会保障の関係を考える：イノベーティブな社会を支えるために」、代表：山下慎一、D19-PI-0015）の助成を受けた研究成果の1つです。

　科研費（基盤研究（C）、働き方と社会保障の関係の再定位：基礎理論と「社会保障実践」の両面から、代表：山下慎一、20K01340）の成果も、一部含まれています。

はじめに

 この本の使い方は、[6ページ]でも、絵で説明しています。

この本を手にとっていただき、どうもありがとうございます。福岡大学法学部で「社会保障法」を担当している山下と申します。

山下

社会保障のしくみはむずかしい！ぜんぜんわからん！

みなさんは、役所などで、こんなふうに思われたことはないでしょうか。じつは、専門家を名乗っている私自身も、いつもそう思っています。自分の家族のことで介護保険などを使おうとして、自分が全然、社会保障をわかっていないことに気づきました。

絵とか図とかで、わかりやすく説明してほしいな…

社会保障の専門家ではない人と協力して研究をしているとき、このように言われることがよくありました。そのとき、きっと同じように感じている人がたくさんいるんじゃないかな、と気づきました。そこで、この本を作ろうと考えました。

考えもしなかったことが起きたんだけど、どうしよう…

役所に行っても、そもそも何を聞けばいいか、わからない…

そんなときは、この本を開いて、「お悩み別フローチャート」の ➡ をたどってみてください。そこから内容説明のページにいくと、絵や図を使って、しくみを説明しています。「よくわからないな」と思ったら、この本を役所に持って行って、

この本の、このページの社会保障、私にも使えますか？

…と役所の窓口で聞いてみてください（電話でもいいと思います）。こまかい情報や手続きなどを、詳しく教えてもらえるはずです。

ご注意

　この本では、わかりやすくするために、すこし説明を省略した部分もありますし、各市町村で手続きや金額が違うこともあります。具体的な手続きや細かい内容などは、お住まいの地域の役所にこの本を持って行って、説明を受けてください。

　この本を読んで、「このしくみ、私にも使えそう！」と思って役所に行ったのに、役所の方から「あなたには使えません」と言われることもあるかもしれません。でもそれは、お互いの説明がお互いにうまく伝わっていない結果、「使えません」と言われているだけかもしれません。まずは納得いくまで説明を受けて、どうしても納得できないときは、弁護士や社会保険労務士などの専門家に相談してください。

お礼とお願い

　読者のみなさまをはじめ、たくさんの方々のおかげで、第2版をつくることができました。川久保寛先生、笠木映里先生、永野仁美先生、横山北斗先生が、この本のアイデアにコメントをくださいました。永野先生のご紹介で、出版事情の厳しい中、弘文堂（登さん）に企画をお引き受けいただきました。トヨタ財団や科研費による研究助成も不可欠でした。福岡市やその他の市町村の役所、福祉関係の法人・団体の方々にも、色々とお尋ねをしました。そして、家族・親族の経験や助力で完成にこぎつけました。ありがとうございました。

　この本は、日本全体を念頭において書きました。そのため、各都道府県や市町村の独自のしくみや、地域ごとに異なる金額などを、取り入れることができていません。この本の、各都道府県バージョンや各市町村バージョンができれば、住民の方にはもっと便利かもしれません。この本のアプリも作れるかもしれません。「この本とコラボしたい！」という行政や団体などの方がいらっしゃれば、ぜひ、弘文堂までご連絡ください。よろしくお願いします！

山下　慎一

この本のもくじ

- はじめに・ご注意・お礼とお願い ― 2ページ～3ページ
- この本のもくじ ― 4ページ～5ページ
- この本の使いかた ― 6ページ
- お悩み別フローチャートのもくじ ― 7ページ
- お悩み別フローチャート（8種類） ― 8ページ～23ページ
- 社会保障の内容の紹介 ― 24ページ～160ページ

① 医療保険　24ページ～43ページ

けがや病気に対する医療などの給付

■ 医療保険のしくみ　24・25	■ 診療・治療・入院　32・33
■ 国保の加入者と保険料　26・27	■ 出産・休業・葬儀（健保）　34・35
■ 出産・休業・葬儀（国保）　28・29	■ 自己負担をさらに安く　36～39
■ 健保・共済の加入者と保険料　30	■ 保険がきかない医療・病院　40・41
■ 後期高齢者医療制度　31	■ 子どもの医療費の補助　42
	■ 出産時の事故の補償　43

② 年金保険　44ページ～64ページ

老齢や障がい、遺族に対する金銭の給付

■ 年金保険のしくみ　44・45	■ 厚生年金の加入者と保険料　56・57
■ 国民年金の加入者と保険料　46・47	■ 厚生年金の老齢年金　58・59
■ 国民年金の老齢年金　48・49	■ 厚生年金の障害年金　60・61
■ 国民年金の障害年金　50・51	■ 厚生年金の遺族年金　62・63
■ 国民年金の遺族年金　52～55	■ 離婚時の年金分割　64

仕事と社会保障 パート① 　■ 介護休業について　65ページ

③ 介護保険　66ページ～81ページ

高齢者への介護サービスの保障

■ 介護保険のしくみ　66・67	■ 自己負担をさらに安く　76・77
■ 介護保険の加入者と保険料　68・69	■ 食費・居住費の割引　78・79
■ 要介護認定　70・71	■ 介護などの相談支援　80
■ 介護保険のサービス　72～75	■ 一緒に住んでいても別の世帯と扱う　81

④ 労災保険　82ページ～102ページ

仕事・通勤が原因のけがや病気などに対する保障

	■ ケガや病気の治療　90・91
■ 労災保険のしくみ（1）　82・83	■ 治療休業中の金銭給付　92
■ 労災保険のしくみ（2）　84・85	■ 介護のための金銭給付　93
■ 労災保険の加入者　86	■ 治らないときの金銭給付　94・95
■ 公務災害補償の対象者　87	■ 障がいに対する金銭給付　96・97
■ 業務災害の認定　88	■ 遺族への金銭給付　98～101
■ 通勤災害の認定　89	■ 葬儀費用の給付　102

仕事と社会保障 パート2　■育児休業について

⑤ 雇用保険 など　104ページ〜123ページ

失業などに対する
生活保障と職業訓練

- 雇用保険などのしくみ　104・105
- 加入者・保険料・ハローワーク　106・107
- 失業中の生活費の保障　108〜110
- 公務員の「退職金」　111
- 職業能力を向上させる　112・113
- 育児のために休業するとき　114・115
- 家族の介護のために休業するとき　116
- 60歳以上で給料が下がったとき　117
- 再就職などの引っ越し費用　118
- 再就職のための支援　119
- 早期に再就職できた人へ　120・121
- 雇用保険がもらえない人へ　122・123

⑥ 社会手当　124ページ〜127ページ

子育ての費用などの
一部を補助

- 社会手当のしくみ　124
- 児童手当（0歳から18歳の年度末までの子が対象）　125
- 児童扶養手当（ひとり親家庭などが対象）　126
- 特別児童扶養手当など（障がいのある子などが対象）　127

⑦ 社会福祉　128ページ〜145ページ

子どもや障がいのある人
などへの福祉

- 社会福祉のしくみ　128・129
- 障がいサービスの全体図　130
- 障がいのある人への介護サービス　131
- 障がいのある人への働く訓練など　132
- 障がいのある人へのその他の支援　133
- 障がいのある子の日常生活の支援　134
- 障がいのある子の小学校以降　135
- 障がいのある子の育ちの支援　136・137
- 障がいのある人・子への医療　138・139
- 保育園・幼稚園など　140・141
- 病児保育などの子育て支援　142
- 養護老人ホーム・軽費老人ホーム　143
- お金の管理などのお手伝い　144
- 自己負担の上限と食費などの割引　145

⑧ 生活保護 など　146ページ〜157ページ

生活に困窮
したときの保障

- 生活保護などのしくみ　146・147
- 生活保護より前のセーフティネット　148
- 困窮した人への貸し付け金　149
- 生活保護のしくみと内容　150・151
- 生活保護を受ける条件　152・153
- 生活保護の金額の計算　154・155
- 生活保護ギリギリの人への割引き　156
- 小・中学校の給食費・学納金の援助　157

ふろく　158ページ〜160ページ

社会保障に関連する
しくみの説明

- 財産管理（委任）契約　158
- 遺言・贈与・信託　158
- 任意後見（契約）　158
- 法定後見　158
- サービス付き高齢者向け住宅　159
- 有料老人ホーム　159
- 障がい者雇用率制度　159
- iDeCoとNISA　159
- 労災民事訴訟　160
- 奨学金・授業料免除　160
- 民間などの教育支援　160
- ひとり親家庭の支援　160

5

この本の使いかた

○ この本は、

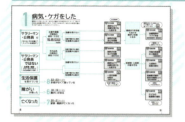
お悩み別フローチャート

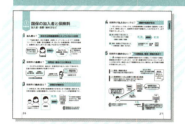
社会保障の内容説明ページ

と、 に分かれています。

○ まず、8つの **お悩み別** フローチャート から、
あなたの悩みを選んでください。

○ 当てはまる矢印をたどって、あなたにぴったりの
社会保障の説明を読みにいきましょう。

○ わからない点は、この本を持って、
市役所などの行政の窓口に
行って、尋ねてください。

具体的な手続きは、
市役所などで聞いて！

印鑑と身分証
もあれば便利！

お悩み別
フローチャートのもくじ

1. 病気・ケガをした ── 👉 8ページ～9ページ
2. 老齢になった ── 👉 10ページ～11ページ
3. 介護を受けたい ── 👉 12ページ～13ページ
4. 失業・廃業した（しそうだ） ── 👉 14ページ～15ページ
5. 子どものこと ── 👉 16ページ～17ページ
6. 障がいがある ── 👉 18ページ～19ページ
7. 家族・親族が亡くなった ── 👉 20ページ～21ページ
8. お金がなくて困っている ── 👉 22ページ～23ページ

病気・ケガをした

病気やケガをしたとき、あなたの働き方や状況などによって、受けられる社会保障が変わります。下の5つの中から、あなたの状況を選んで、当てはまる➡をたどってください。

- **サラリーマン・公務員だ**（または、その扶養に入っている家族だ）
  - 仕事や通勤が原因の病気・ケガだ　業務・通勤災害の認定 88ページ 89ページ が必要！
    - 治療を受けたい
    - 治療で働けない間の生活費が心配だ
  - それ以外の原因の病気・ケガだ
    - 治療で働けない間の生活費が心配だ

- **サラリーマン・公務員ではない**（自営業・無職・フリーランスなど ※生活保護の人は除く）
  - 治療を受けたい
  - 治療で働けない間の生活費が心配だ

- **生活保護を受けている** ☞ **8** 22〜23ページへ お金がなくて困っている

- **障がいが残った** ☞ **6** 18〜19ページへ 障がいがある

- **亡くなった** ☞ **7** 20〜21ページへ 家族・親族が亡くなった

8

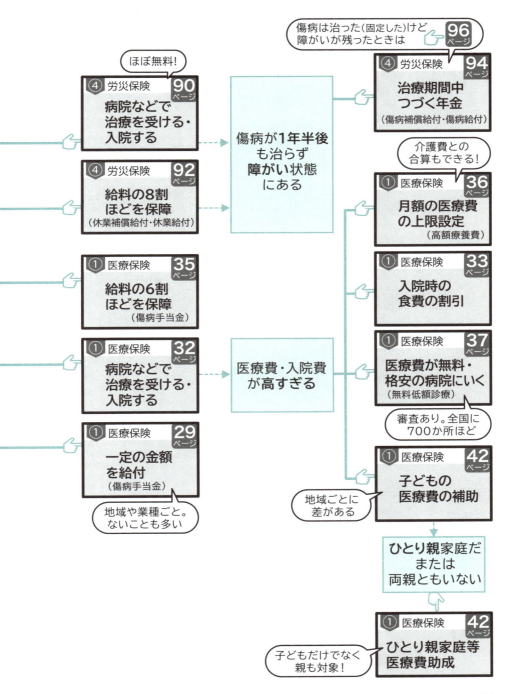

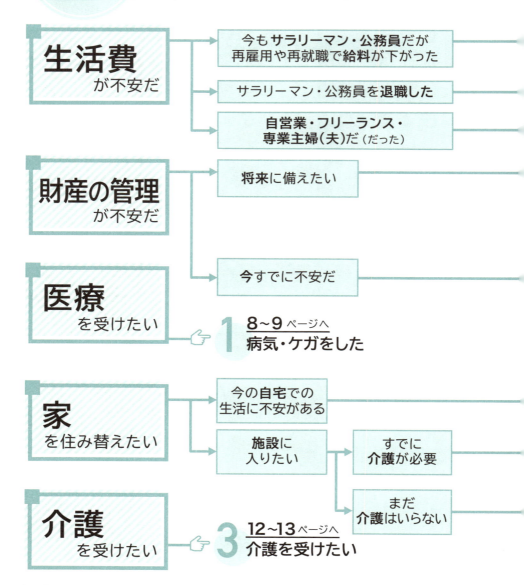

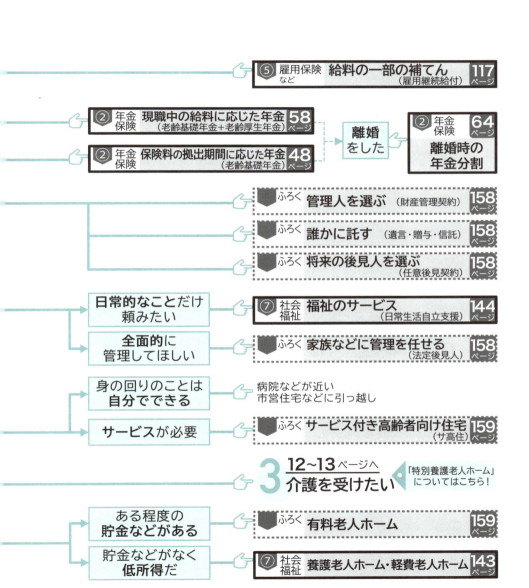

3 介護を受けたい

介護が必要な状態になった（またはなりそうな）とき、年齢によって使える制度が変わります。下の4つの中から、当てはまるものを選んで、→ をたどってください。

家族の介護のため **休業**したい
- 仕事と社会保障 パート1
  - 介護休業 **65ページ**

介護を受ける人が **65歳** 以上だ
- 介護の相談
  - 地域包括支援センター **80ページ**
  - 介護する人への手助け（介護者支援）のしくみもある

介護を受ける人が **40~64歳** だ
- 若年性の高齢病だ
  - 特定疾病 **70ページ**
- 若年性の高齢病ではない

介護を受ける人が **40歳** 未満だ
 6 18~19ページへ 障がいがある

- 要介護認定の申請 **70ページ**

  - 要介護 1~5 **70ページ**
  - 要支援 1~2 **70ページ**

    - ③ 介護保険 **72~75ページ** 予防のためのサービス（予防給付）
  - 非該当
     全額自費でのサービス利用

まずはここから！
- いろいろ相談してサービスを受ける計画を立てたい

当てはまるものは **いくつ選んでもOK!**

- 自宅に住み続けて介護を受けたい
- 施設に入所して介護を受けたい
- 以前から入っている施設で介護を受けたい

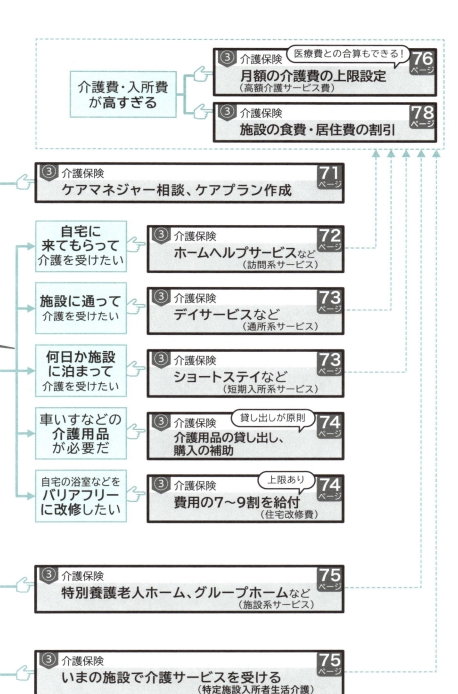

4 失業・廃業した（しそうだ）

失業・廃業した（またはしそうな）とき、あなたの失業・廃業前の働き方によって、受けられる社会保障が変わります。下の2つの中から、あなたの働き方を選んで、当てはまる➡をたどってください。

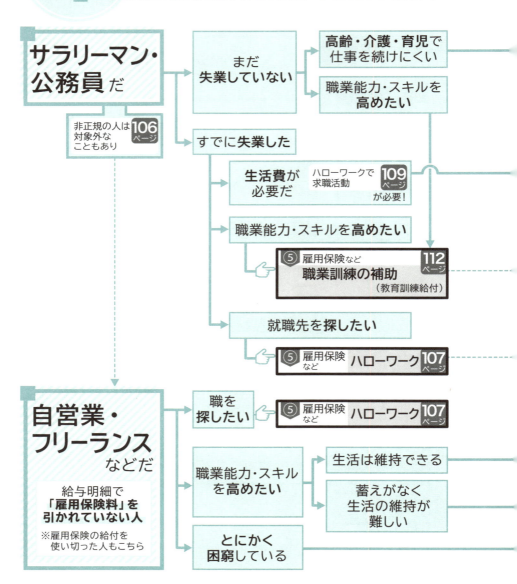

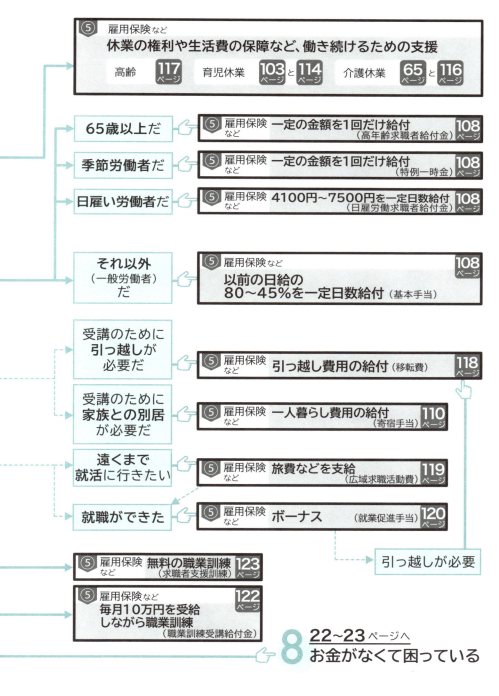

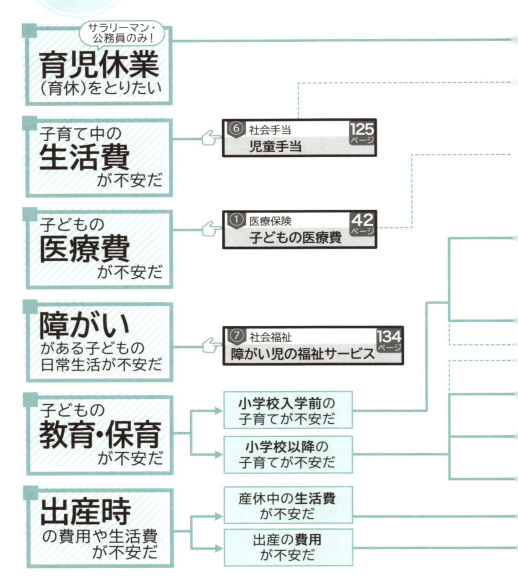

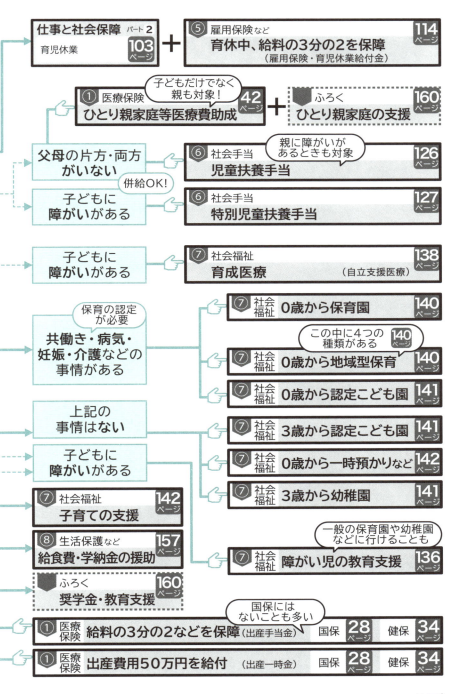

6 障がいがある ※

あなたや家族に障がいがあるとき、あなたの思いに応じた社会保障があります。下の4つの中から、あなたの思いを選んで、当てはまる➡をたどってください。

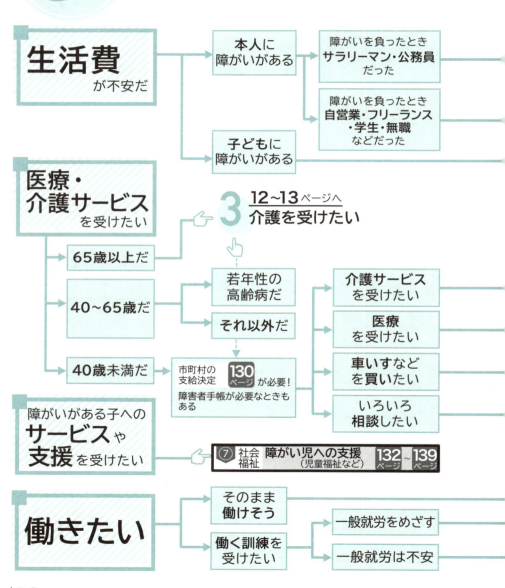

※360種類程度の、指定された難病にかかっている人も含む。

福祉サービスの対象 130ページ　医療の対象 138ページ

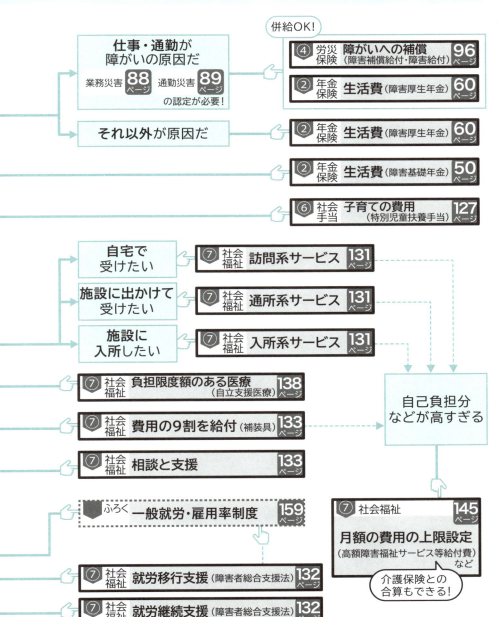

7 家族・親族が亡くなった

あなたの家族・親族が亡くなったとき、その人の状況によって、受けられる社会保障が変わります。下の4つの中から、亡くなった人の状況を選んで、当てはまる→をたどってください。

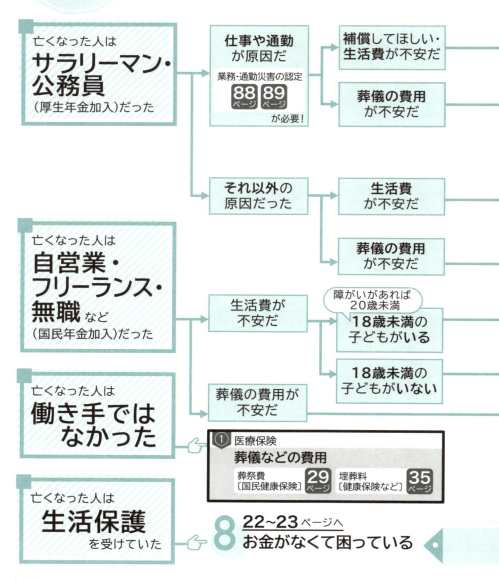

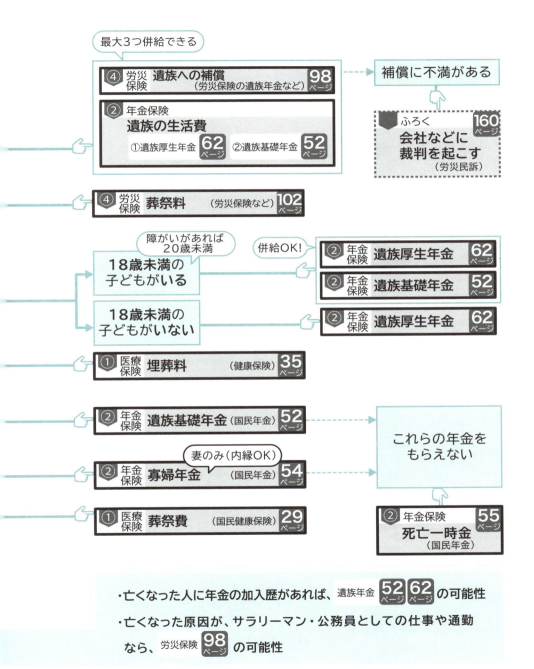

8 お金がなくて困っている

お金がなくて困っているとき、あなたの状況や希望に応じた社会保障があります。下の6つの中から、あなたの状況や希望を選んで、当てはまる➡をたどってください。

再就職先を探したい
☞ 4 14〜15ページへ
失業・廃業した（しそうだ）

自力だけでの再就職や生活再建は難しそうだ
生活困窮者自立支援
〔生活保護とは別のしくみ〕
➡ 住むところがない・なくなりそうだ

今すぐにお金が必要だ
生活保護　生活保護の開始決定 150ページ 152ページ が必要！

当面の生活資金を借りたい
☞
⑧ 生活保護など **生活福祉資金の貸し付け** 149ページ
〔生活保護とは別のしくみ〕

無料・格安の病院に行きたい
☞ ① 医療保険 **無料定額診療** 37ページ
〔生活保護とは別のしくみ。全国に700か所ほど〕

ひとり親家庭または両親ともいない
☞
① 医療保険 **ひとり親家庭等医療費助成** 42ページ
〔子どもだけでなく親も対象！〕

ふろく **ひとり親家庭の支援** 160ページ

22

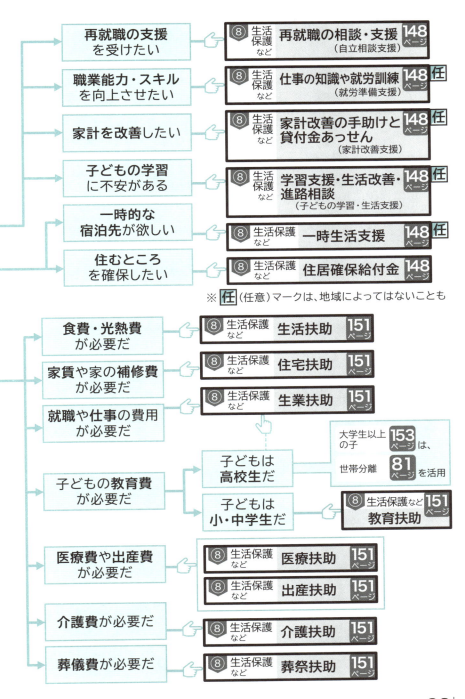

① 医療保険のしくみ

　日本では、その人の働き方（職業）によって、加入する公的な医療保険が決まります。国民全員（一定の外国人も含む）が、**必ずどれか1つだけ、公的な医療保険に加入します。** 75歳以上になると、全員、特別のしくみに加入します 31ページ

自営業やフリーランス、無職の人が入る、公的な医療保険が、国民健康保険（国保）です。

ふつうの国保は、その人が住んでいる都道府県と市町村が管理運営します。これに対して、

同じ都道府県内の、**自営業・フリーランスの同業者が一緒に作るのが、国保組合**です。国保組合には、独自の給付があります。

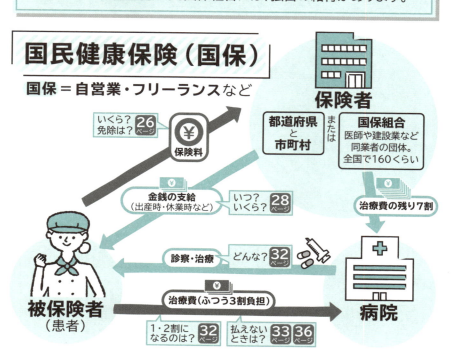

24

次に、会社などに雇われて働く人についてです。

● **サラリーマン（被用者）は、健康保険（健保）に加入します。**
その中に、全国規模の「協会けんぽ」と、各会社などが設立する「健康保険組合（健保組合）」があります。

● **公務員や私立学校の教職員は、それぞれの「共済組合」に加入します。** どの場合も、保険料は勤め先が給料から天引きします。

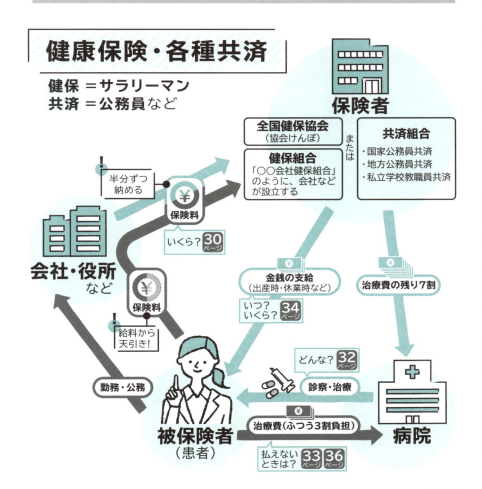

① 医療保険

① 国保の加入者と保険料
医療保険

加入者・金額・納め方など

1 加入者は？　ほかの公的医療保険に入っていない人全員

☞ 75歳未満の、ほかの健保・共済に入っていない人すべて（自営業・フリーランス・無職・定年退職者）が、住んでいる都道府県・市町村の国保に、自動的に加入します（引っ越しや出生などの手続き時）。

- 健保や共済に入っていない／75歳未満 → 全員加入 → 住んでいる都道府県・市町村の国保
- 一定地域の同業者で「国保組合」が作られていることもある！

2 保険料の金額は？　市町村・組合ごとに異なる

☞ それぞれの市町村・組合が、世帯状況や収入に応じて決めます。出産の前後は保険料が免除されます。

その世帯の保険料額（世帯の加入者の数／世帯の所得の状況）

保険料免除　※申請が必要

出産前1か月（双子以上なら3か月）← 出産 → 出産後3か月

3 保険料の納め方は？　世帯主が納める

☞ 世帯主が、同じ世帯の被保険者の分をまとめて保険者に納めます。市町村国保には被扶養者のしくみがないため、1人1人が被保険者です。

1人1人が被保険者（扶養のしくみなし）

世帯主

保険料

保険者（市町村）

その世帯の高齢者の分だけは、老齢年金から天引き

国保組合には、加入者と被扶養者の区別がある

26

4 保険料が**払えない**ときは？　減額や免除がある

👉 収入がない人であっても、公的医療保険には自動的（強制的）に加入します。事情に応じて、保険料の免除や減額のしくみがあるので、必ず手続きをしましょう。

A 収入が低くて払えない人
　→ 収入状況に応じて減額
　　　2割減・5割減・7割減

B 災害・失業などで払えない人
　→ 全額免除・減額・先のばし

生活保護ギリギリのときは　境界層措置　156ページ

5 保険料を**納めない**と？　10割負担、督促・滞納の処分！

👉 **4**の手続きをせずに保険料を納めなかった場合、(1)行政から督促・滞納処分を受けてしまったり、(2)安く医療を受けられなくなってしまうことがあります。無収入などで保険料を払えない場合は、必ず免除や減額の手続きをしましょう。

(1) 督促・滞納の処分
　…税金の未納と同じ手続きを受ける

(2) 医療費をいったん全額（10割）自己負担
　…市町村に請求したら、本来払い戻される7割分から、未納の保険料分を差し引いて払い戻し

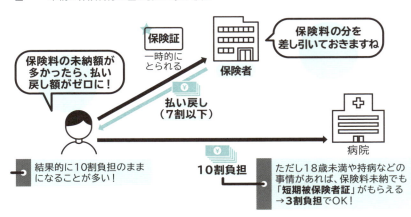

① 医療保険

出産・休業・葬儀（国保）
国民健康保険の金銭給付

● 出産するとき

1 出産費用の補助は？　50万円給付　すべての国保・国保組合が実施

👉 出産は、ケガや病気ではないので医療保険がききません。そのため、通常の3割負担による医療とは別ものとして、出産費用の補助として50万円が給付されます（出産育児一時金）。

産科医療補償制度 43ページ に加入していない病院での出産などは48万8千円

出産

50万円

保険者

保険者から病院に直接渡してもらえば、立て替え不要でラク！
直接支払制度 34ページ

2 産休中の生活費は？　一部の国保組合では保障あり

👉 出産の前後で仕事を休んだとき、一定の金額（例は下の図）を給付するしくみがあります（出産手当金）。ただし、市町村の国保はほとんど実施していません（念のため、市町村の窓口で聞いてみましょう）。

病院
出産のため休業・入院

一定の金額

保険者
一部の国保組合はやっている

例 01　東京土建国保組合
出産前42日（双子以上なら98日）　出産後56日

出産
「休業日数×5,400〜3,400円」を給付

例 02　北海道歯科医師国保組合

1児出産につき20万円を給付

28

休業するとき

1 病気・ケガで休業するときの保障は？ 一部の国保組合では保障あり

👉 病気やケガによる休業時に、一定の金額（例は下の図）を給付するしくみがあります（傷病手当金）。一部の国保組合は実施しているため、自分の加入している国保組合に聞いてみましょう。市町村の国保は、通常ほとんど実施していませんが、新型コロナによる休業の場合のみ実施していることがあります。

例 新潟県建築国保組合
上限60日 入院日数 × 5,000〜6,000円
金額・日数は、各国保組合の自由
「入院日数×5,000〜6,000円」を給付

葬儀について

1 加入者・家族が亡くなったときは？ 3〜5万円の葬儀費用 すべての国保・国保組合が実施

👉 葬儀の費用として、一定金額が給付されます（葬祭費）。

遺族 ← 3〜5万円 保険者
金額は、保険者によって異なる
このほかにも、国保組合には独自の給付があるかも？ぜひ問い合わせを！

29

① 健保・共済の加入者と保険料
医療保険　加入者・金額・納め方など

1 加入者は？　サラリーマン・公務員（および、その扶養に入る人）

👉 サラリーマンは、全国規模の「協会けんぽ」か会社ごとの「健保組合」に、公務員や私立学校の教員は共済組合に、船で働く人は船員保険に、自動的に加入します。

👉 サラリーマン・公務員に扶養される人（月収8.8万円未満など）は「被扶養者」として加入しますが、給付の内容は被保険者本人とほぼ同じです。

給付内容は 被保険者 本人とほぼ同じ。出産手当金 34ページ 2　傷病手当金 35ページ 1 が、ないだけ

2 保険料の金額や納め方は？　給料の約5％が天引きされる

👉 勤め先が、本人への給料から約5％を天引きし、勤め先が負担する約5％とあわせて、保険料として納付します（本人は特に何もする必要がありませんが、給与明細はチェックしましょう）。都道府県や組合ごとに、パーセントの違いが少しあります。

→ 勤め先が半分よりも多く出す組合も！

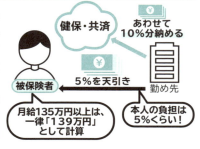

3 産休・育休中は？　保険料が免除に

👉 出産・育児休業中は、保険料が免除されます。もちろんこの期間も、通常どおり、3割負担で医療を受けることができます。

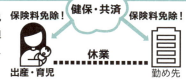

30

後期高齢者医療制度
加入者・金額・納め方など

① 医療保険

1 加入者は？　75歳（重い障がいなら65歳）以上の人全員

👉 75歳以上（重い障がいがあれば65歳以上）になった人は、国保や健保などを抜けて、後期高齢者医療制度に加入します。　1人1人が被保険者！（扶養のしくみなし）

2 保険料の金額や納め方は？　所得ごと。年金から天引き

👉 保険料の額は、所得に応じて変わります。計算は、都道府県ごとに異なります。納め方は、基本的には 年金からの天引き です。

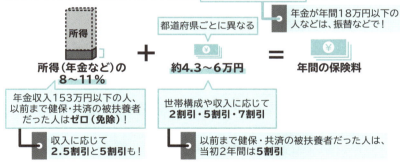

所得（年金など）の 8～11％ ＋ 約4.3〜6万円 ＝ 年間の保険料

都道府県ごとに異なる

年金が年間18万円以下の人などは、振替などで！

年金収入153万円以下の人、以前まで健保・共済の被扶養者だった人はゼロ（免除）！
　↳ 収入に応じて 2.5割引と5割引も！

世帯構成や収入に応じて 2割引・5割引・7割引
　↳ 以前まで健保・共済の被扶養者だった人は、当初2年間は5割引

3 保険料が払えないときは？　事情に応じて減額あり

👉 災害にあったときや、所得が減少したときに、保険料が減額されます。忘れずに手続きをしましょう。

生活保護ギリギリのときは 境界層措置 156ページ

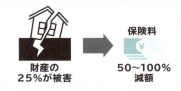

財産の25％が被害 → 保険料 50〜100％減額

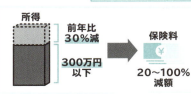

所得 前年比30％減 300万円以下 → 保険料 20〜100％減額

31

医療保険 ①

診療・治療・入院
国保・健保 共通

1 医療保険の**いいところ**は？　安く治療を受けられる

👉 病気・ケガの治療に必要な医療を、費用全額のうち3割だけの負担などで、安く受けることができます。自己負担の金額は、年齢などによって変わります。

2 **条件**は？　保険証・保険のきく病院・保険のきく医療

👉 下記の A ～ C をすべて満たす必要があります。1つでも条件が欠けた場合、全額（10割）自己負担になることがあります。

32

3 入院の費用は？ 食費・差額ベッド代など。割引あり

☞ 一定の期間、病院で生活することになるので、治療以外の費用がかかります。本人の収入状況や病気の内容などによって、自己負担が軽減されることがあります。

通常の入院 | 65歳以上の慢性期入院

➕ 食費

1食あたり490円の自己負担
（難病なら280円）

※所得などによりさらに**安く！**
- ア 住民税非課税 …**230円**
- イ 住民税非課税で、過去1年間のうち90日以上入院 …**180円**
- ウ 上記 イ に加え、低所得で70歳以上 …**110円**

➕ 食費

※所得などによりさらに**安く！**
- ア 住民税非課税 …**230円**
- イ 年金収入80万円以下など …**140円**

➕ 差額ベッド代

ふつうの病室よりもグレードアップした病室（例：個室など）

差額ベッド代 ➕

ふつうの病室よりもグレードアップした病室（例：個室など）

➡ **ふつうの個室との差額を自己負担**

病室の料金は、それぞれの病院が独自に決める（↓は全国平均の金額）

部屋の種類	1人部屋	2人部屋	3人部屋	4人部屋	全体平均
平均の差額	7,097円	3,099円	2,853円	2,514円	**6,258円**

居住費 ➕

1日につき370円の自己負担
（難病なら0円）

33

① 医療保険 出産・休業・葬儀（健保）
健保・共済の金銭給付

● 出産するとき

1 出産費用の補助は？ 　50万円給付　すべての健保・共済などが実施

👉 出産は、ケガや病気ではないので医療保険がききません。そのかわり、通常の3割負担による医療とは別ものとして、出産費用の補助として50万円が給付されます（出産育児一時金）。

産科医療補償制度 **43**ページ に加入していない病院での出産などは48万8千円

2 産休中の生活費は？ 　給料の2/3を保障　すべての健保・共済などが実施

👉 出産の前後に産休をとったとき、出産前42日から出産後56日までの範囲内で、一定の金額を給付するしくみがあります（出産手当金）。

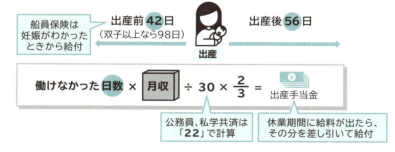

34

休業するとき

1 病気・ケガで仕事を休むときは？ 給料の2/3を保障
すべての健保・共済などが実施

☞ 病気やケガによる休業時に、通算で1年半までの期間、給料の3分の2を給付するしくみがあります（傷病手当金）。

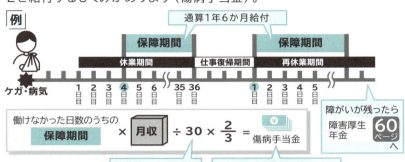

働けなかった日数のうちの **保障期間** × 月収 ÷ 30 × $\frac{2}{3}$ = 傷病手当金

公務員、私学共済は「22」で計算

休業期間に給料が出たら、その分を差し引いて給付

障がいが残ったら　障害厚生年金　60ページへ

2 家族の病気の看護などで仕事を休むときは？ 給料の約半分を保障
公務員・私学共済のみ

☞ 共済から一定期間、日給の5～6割が給付されます。

育児・介護休業は 114ページ～116ページ

理由	給付期間
扶養家族の病気やケガの介護	欠勤した**全期間**
配偶者の出産	**14日間**
公務外の不慮の災害（本人・家族）	**5日間**
本人の結婚、配偶者の死亡、2親等内の血族・1親等内の姻族の冠婚葬祭	**7日間**

日給 × 0.5 = 給付額

私学共済は「0.6」

葬儀について

1 加入者・被扶養者が亡くなったときは？ 5万円給付
すべての健保・共済などが実施

☞ 葬儀の費用として、5万円が給付されます（埋葬料）。

遺族以外の人が行った場合は5万円以内の実費

公務員・私学共済では天災による死亡に対して弔慰金も給付

① 医療保険

35

① 医療保険 自己負担をさらに安く・1
国保・健保 共通

1 自己負担が高いときは？ 限度額以上は払い戻される

👉 毎月の自己負担額には上限（限度額）があり、その上限を超えた分を払い戻してもらえるしくみがあります（高額療養費制度）。上限額は、その人の収入や入院期間で決まります。健保組合などでは、さらに自己負担が減るしくみがある場合もあります（付加給付）。

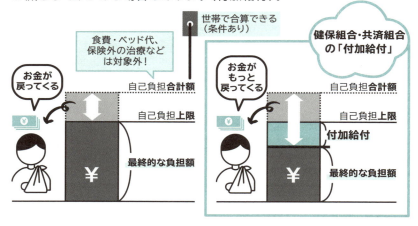

収入のめやす	通常の負担限度額の計算式（世帯合計）	入院の多数該当※
月収81万円以上	252,600円+（総医療費※-842,000円）×1%	140,100円
月収51.5〜81万円未満	167,400円+（総医療費※-558,000円）×1%	93,000円
月収27〜51.5万円未満	80,100円+（総医療費※-267,000円）×1%	44,400円
月収27万円未満	57,600円	44,400円
住民税非課税	35,400円	24,600円

※総医療費＝保険適用される診療費用の総額（10割）
※多数該当＝1年で4か月以上入院したとき（4か月目以降）

70歳以上の人は別基準
高齢者の場合 38ページ

36

2 介護費も払っているときは? 医療費と合算ができる

☞ 医療費だけでなく介護費も払っている世帯は、両方の自己負担を合計した額について、1年間（8/1～翌年7/31）の上限があります。これを超えた分は払い戻されます。

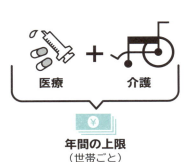

所得金額 （基礎控除後）	年間医療 ＋ 介護費
901万円超	212万円
600万円超 901万円以下	141万円
210万円超 600万円以下	67万円
210万円以下	60万円
住民税非課税	34万円

70歳以上の人は別基準　高齢者の場合 38ページ

3 立て替えたくない場合は? 限度額認定証をとる

☞ 市役所などで「限度額認定証」をとって、事前に病院に提出します。そうすれば、最初から限度額まで支払うだけでよくなり、立て替えが必要ありません。手続きは、病院や医療ソーシャルワーカーに聞いてみましょう。

4 自己負担分が無料・低額? 無料低額診療 社会福祉の一環

☞ 一部の病院では、生活状況・収入などを審査のうえ、自己負担額を3割よりも安くしたり、無料にするしくみがあります（無料低額診療）。

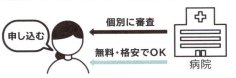

① 医療保険

自己負担をさらに安く・2
高齢者の場合

1 高齢者の医療費は？　自己負担の限度額がより低い

👉 だれにでも毎月の自己負担額に上限額があります（高額療養費制度）。高齢者の場合、収入に応じて、この上限額がより低く設定されています。

70歳未満の人は 自己負担をさらに安く 36ページ

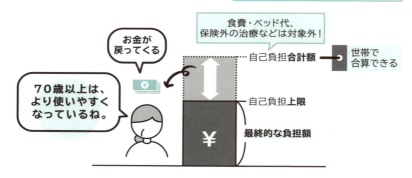

食費・ベッド代、保険外の治療などは対象外！
自己負担合計額 → 世帯で合算できる
お金が戻ってくる
70歳以上は、より使いやすくなっているね。
自己負担上限
最終的な負担額

70歳以上の人の、1か月の自己負担限度額

入院の有無で計算式が異なる　入院が多いと限度額が安くなる

収入のめやす	外来（個人ごとに計算）	外来＋入院（世帯合計）	入院の多数該当※
月収81万円以上で自己負担3割	252,600円＋（総医療費※－842,000円）×1%		140,100円
月収51〜80万円で自己負担3割	167,400円＋（総医療費※－558,000円）×1%		93,000円
月収28〜50万円で自己負担3割	80,100円＋（総医療費※－267,000円）×1%		44,400円
上と下のどれにも該当しない	18,000円（年間上限 144,000円）	57,600円	44,400円
住民税非課税	8,000円		24,600円
控除後の所得なし	8,000円		15,000円

※総医療費＝保険適用される診療費用の総額（10割）
※多数該当＝1年で4か月以上入院したとき（4か月目以降）

2 高齢者で**介護費も**払っているときは？ 　医療費との合算も より低い限度額に

　医療費と介護費、両方の自己負担を合計した額について、年間（8/1～翌年7/31）の世帯ごとの上限があります。これを超えた分は払い戻されます。

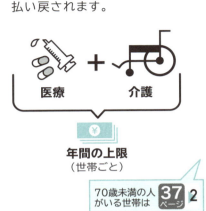

収入のめやす	年間医療＋介護費
月収81万円以上で自己負担3割	212万円
月収51～80万円で自己負担3割	141万円
月収28～50万円で自己負担3割	67万円
上と下のどれにも該当しない	56万円
住民税非課税	31万円
控除後の所得なし	19万円 ※介護サービス利用者が世帯内に複数いる場合は**31万円**

70歳未満の人がいる世帯は **37ページ** 2

3 立て替えたくない場合は？　限度額認定証をとる

　市役所などで「限度額認定証」をとって、事前に病院に提出します。そうすれば、最初から限度額まで支払うだけでよくなり、立て替えが必要ありません。手続きは、病院や医療ソーシャルワーカーに聞いてみましょう。

4 自己負担分が**無料・低額**？　無料低額診療 （社会福祉の一環）

　一部の病院では、もともと自己負担額が、3割などではなく、無料あるいは低額に設定されています（無料低額診療）。

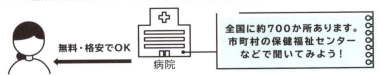

保険がきかない医療・病院

① 医療保険　国保・健保 共通

● 保険がきかない病院

1 どうなる？　治療費が全額自己負担

👉 公的医療のしくみに入っていない病院もあります。そこで治療を受けたときは、保険がきかないため、全額自己負担（10割負担）になります。

2 例外は？　緊急時などは払い戻しを受けられる

👉 つぎの ア と イ のようなときには、保険がきかない病院で治療を受けたとしても、保険者（市町村の国保や協会けんぽ・健保組合など）が認めれば、7割分が保険者から払い戻されます。

保険がきかない医療

1 どんなもの？　特殊な医療・新しい医療・美容

☞ 通常の医療とはちがう特殊な医療や、新しい医療技術でまだ保険の対象に入れるかどうか判断中のものについては、保険がきかないことがあります。

税務署に申告したら、還付金がある場合も！

2 どうなる？　全体が全額自己負担に！

☞ このような治療の費用は、全額自己負担（10割負担）です。さらに、保険のきく医療と保険のきかない医療を組み合わせたときには、全体が、全額自己負担になります。

混合診療禁止の原則！

3 例外は？　組み合わせOKの場合も

☞ 保険のきかない医療のうちの一部については、保険のきく医療と組み合わせることができます。この場合、保険のきく医療の費用は、3割などの通常の自己負担でOKです（保険外併用療養費）。

組み合わせOKの例

保険医療のうち**7割分**があとで払い戻される

例01　**評価療養**
将来保険の範囲に入るかどうかを評価すべきもの
　先進的な医療や治験中の医薬品など

例02　**選定療養**
患者の快適性や利便性にかかわるもの
　時間外診療や大病院での初診料など

41

子どもの医療費の補助
国保・健保 共通

1 内容は？ 自治体が、子どもの医療費を補助してくれる

👉 都道府県や市町村・東京23区が、子どもの医療費の自己負担分を補助してくれます。結果として、一定年齢までは医療費が無料となることもあります。役所の窓口で、子ども医療証をもらう手続きをしましょう。

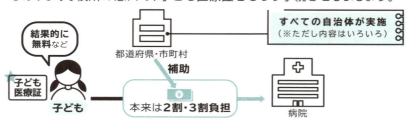

すべての自治体が実施
（※ただし内容はいろいろ）

2 対象となる子どもの年齢や金額は？ 自治体ごとに異なる。外来と入院の区別もある

👉 年齢も補助の金額も、都道府県や市町村ごとに異なります。外来診療と入院費用の区別もあります。対象世帯の所得制限を設ける自治体もあります。

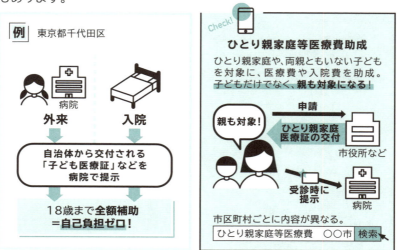

出産時の事故の補償
産科医療補償制度

① 医療保険

1 内容は？　出産による、子どもの脳性麻痺への補償

☞ 分べん（出産）に関連して発症した、子どもの重度脳性麻痺に対する補償のしくみです（産科医療補償制度）。ただし、このしくみに加入していない病院もあります。請求は、満5歳の誕生日までです。

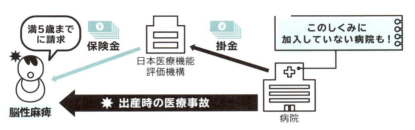

2 条件は？　在胎週数・出産時の事故・重症

☞ A〜Cの3つの条件を、すべて満たす必要があります。

A　在胎週数が28週以上
B　出産時の事故である
C　生まれた子が、身体障害等級の1級または2級相当の脳性麻痺

下記の場合などは対象外
・先天性の異常
・出産後の感染症
・生後6か月未満で亡くなったとき

28週以上

3 金額は？　一時金600万円＋20年総額2,400万円

☞ 補償対象と認定されたら、まず600万円が支給されます。そして、1年間あたり120万円が、20年間（0歳から19歳まで）給付されます。

43

② 年金保険のしくみ

日本では、**国民全員**（一定の外国人も含む）が、**国民年金に加入**します。さらに、**サラリーマンや公務員**などは、**厚生年金にも、あわせて加入**します。

- **国民年金だけ**に加入するのは、**自営業・フリーランス・学生・無職の人**などです。
- **保険料は所得に関係なく一律の金額**で、自分で納めます。
- 将来もらえる年金の額も、所得に関係なく、**保険料を納めた月数**で計算します。

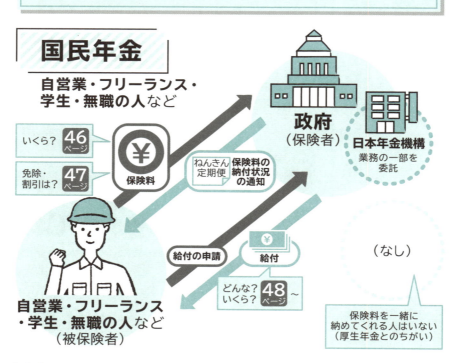

サラリーマンや公務員など、「どこかに勤めて働く人」は、**国民年金だけでなく、厚生年金にも加入**します。

厚生年金では、保険料がその人の給料に比例して決まります。その結果、給料が高かった人は年金額も多く、低かった人は年金額も少なくなります。手続きは基本的に勤め先がやってくれます。
保険料も勤め先が半分負担してくれます。

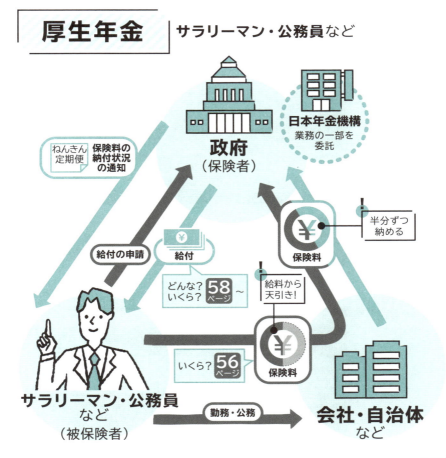

45

② 国民年金の加入者と保険料
年金保険
加入者・金額・納め方など

1 加入者は？　20〜60歳の国民全員！

☞ 20〜60歳の国民全員が加入します。20歳になると、国（日本年金機構）から加入通知が届きます。加入者（被保険者）は、働き方などにより、3種類に分かれます。

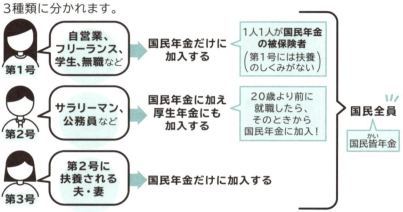

2 保険料の金額と納め方は？　第1号は毎月約1.7万円！

☞ 加入者の種類によって、金額や納め方が違います。直接納める手続きが必要なのは第1号の人だけで、その保険料は1か月17,000円ほどです。なお、出産の前後は保険料が免除されます。

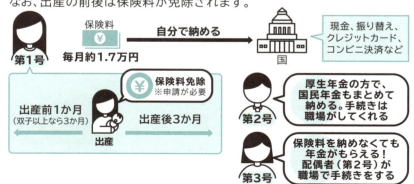

46

3 保険料が**払えない**ときは? 免除・先のばしができる

事情に応じて、保険料の免除や減額、先のばしのしくみがあります。この場合、将来もらえる年金の金額が減ることがあります。しかし、あとから保険料を納めるしくみ（追納）によって、年金額を減らさないことができます。追納は、免除等を受けてから10年間の間にすることができます。

A 学生のあいだ
→ 申請したら、在学中は保険料が猶予（先のばし）される

学生納付特例
年金をもらえる条件・金額への影響は 49ページ

免除・減額は4種類

25%引き　半額　75%引き　全額免除

追納（ついのう）とは…
免除などを受けた期間の保険料を、あとから余裕ができたときに、納めることができるしくみです。免除を受けてから10年間可能です。 49ページ

→ 追納をすると、将来もらえる年金額が減額されずにすみます。

B 収入が少ない・失業中のとき
→ 申請したら、免除・減額または猶予（先のばし）を受けられる

4 手続きなしで**納めない**と? 年金がもらえないかも!

3 の手続きをせずに保険料を納めない場合、（1）督促・滞納処分を受ける可能性、（2）年金がもらえない可能性があります。

（1）督促・滞納の処分
…税金の未納と同じ手続きを受ける

（2）年金がもらえない可能性
…年金をもらうためには「保険料を納めた期間」が重要。
手続きをしない未納の場合、期間の条件を満たせないことがある

払えない時は、3 の免除や減額、先のばしの手続きを忘れずに!

督促状
納めないと
さしおさえる
かもよ

老齢・障害など
年金請求

国

期間がたりないと、払えません!

3 の手続きをしたら、たとえ1円も納めてなくても、「納めた期間」に加えられる!

② 年金保険

47

② 年金保険 国民年金の老齢年金
老齢基礎年金

1 何歳からもらえる？　通常は65歳から受給スタート

老後の生活保障として、65歳から受給することができます。早くほしいときは、60歳から受給ができますが、金額は減額されます。反対に、65歳よりも遅くすれば、年金は増えます（**4**）。

2 条件は？　10年以上の保険料の納付

10年（120か月）以上、保険料を納めることが必要です。保険料の免除や減額、先のばしの手続きをしたときは、その期間も「保険料を納めた期間」として扱われます。

例　A子さんの場合 ➡ 30歳のときに10年間の納付が完了

3 いくらもらえる？　納付した期間で計算する

保険料をどれくらいの期間、納付したかによって、もらえる年金額が決まります。金額は毎年変わります。下の式で計算できます。

1,700円 × ？か月 ＝ 1年間でもらえる年金の金額
※2024年度の金額　※上限480か月

金額が低い人は、「年金生活者支援給付金」で検索を！

例　20〜60歳の40年間すべて納めた場合 ➡ 1,700円×480か月＝年額81.6万円（月額68,000円）

4 早めたり遅らせたりしたらどうなる? 　年金額が増減する

👉 60歳まで早めること、75歳まで遅らせることができます。もらいはじめを1か月早めたら、年金額が0.4～0.5%減額され、1か月遅くすると0.7%増えます。1回決めたら、金額はずっと変わりません。

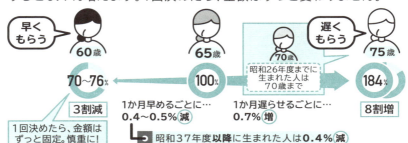

5 保険料の**免除・減額・先のばし**をしたときは? 　金額に影響する

👉 もらう条件の期間の計算(**2**)では、免除・減額・先のばし期間も、「納めた期間」としてそのまま月数に数えます。ただし、金額の計算(**3**)では、「0か月」や「0.75か月」などと計算します。

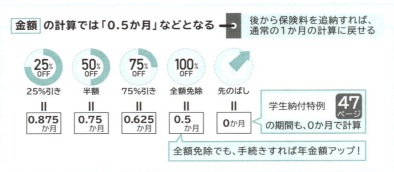

② 国民年金の障害年金
年金保険
障害基礎年金

1 どんなもの？　一定の障がいがある人への生活保障

☞ 病気やケガで、生活や仕事などが制限されるようになった人に対する給付です。手足の障がいなどのほか、精神疾患やガン、糖尿病なども対象です。

2 条件は？　「初診日」が20歳「前」か「後」かで決まる

☞ 初めて病院に行った日（初診日）の時点で、本人が20歳未満だったかどうかによって、条件が変わります。

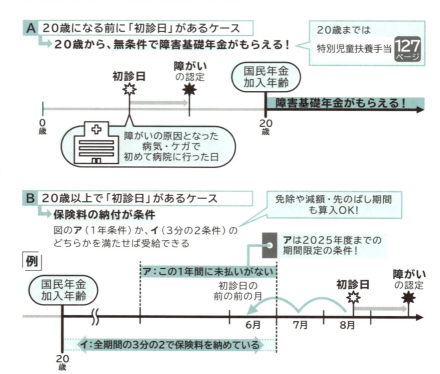

A 20歳になる前に「初診日」があるケース
→ 20歳から、無条件で障害基礎年金がもらえる！

20歳までは特別児童扶養手当 127ページ

B 20歳以上で「初診日」があるケース
→ 保険料の納付が条件

図のア（1年条件）か、イ（3分の2条件）のどちらかを満たせば受給できる

免除や減額・先のばし期間も算入OK！

アは2025年度までの期間限定の条件！

ア：この1年間に未払いがない
イ：全期間の3分の2で保険料を納めている

50

3 いくらもらえる？ 障害の重さと子どもの数で計算

☞ 「障害の重さ（等級）」と「加算」によって、金額が決まります。等級によってベースが決まり、障がいがある人の未成年の子どもの数によって加算額が上乗せされるイメージです。

ⅰ 障害等級   ※2024年度の金額

- 1級 → 年額102万円
- 2級 → 年額81.6万円
- 3級以下 → なし

障害厚生年金は、3級以下もあり！ 60ページ

等級	基準	具体例
1級	自力で日常生活ができない	両手の指をすべて失った
2級	自力で日常生活が難しい	片手の指をすべて失った
3級	働くのが難しい	片手の親指と人差し指を失った
3級未満	3級よりやや軽い	片手の人差し指を失った

ⅱ 加算

18歳未満の子の数で加算
（3人目から額が変わる） → 1・2級の障害のある子は「20歳未満」までOK

1人目
18歳未満
+23.4万円

2人目
18歳未満
+23.4万円

3人目
18歳未満
+7.8万円

・・・

例01 17歳で初診日、障害等級1級

年額102万円
（1か月に8.5万円）
を、20歳からもらえる

例02 42歳で初診日、障害等級2級、未成年の子どもが4人いる

年額81.6万円
加算 +23.4万円
加算 +23.4万円
加算 + 7.8万円
加算 + 7.8万円

年額144万円
（1か月に12万円）

② 年金保険

② 国民年金の遺族年金・1
年金保険
遺族基礎年金

- ● 18歳未満（障がいがあれば20歳未満）の子どもがいるとき
  ☞ ● 遺族基礎年金 （このページ）
- ● そのような子どもがいないとき ☞ ● 寡婦年金など 54ページ 55ページ

● 遺族基礎年金

1 故人の**条件**は？　家計を支えたこと・保険料の納付

☞ 家計を支えていた人で、一定の期間、保険料の納付をしていることが条件です。下記の **A** **B** どちらかに当てはまることが必要です。

A　「1年条件」か「3分の2条件」
→ 図の**ア**（1年条件）か**イ**（3分の2条件）のどちらかを満たす

免除や減額・先のばし期間も算入OK！

アは2025年度までの期間限定の条件！

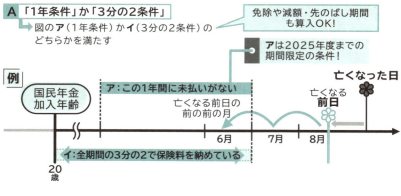

B　保険料を25年以上
→ 保険料を25年（300か月）以上納めてきたこと

故人が老齢基礎年金を受給していてもOK！

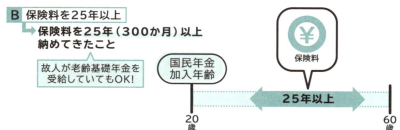

2 誰がもらえる？ 未成年の子がいる配偶者か、子本人

👉 故人に、18歳未満（障害があれば20歳未満）の子どもがいることが必要です。故人に配偶者がいるときは配偶者に、いない時は子ども本人に、給付されます。配偶者は、故人に生計を支えられていたことが必要です。

3 いくらもらえる？ 年額81.6万円をベースに加算がある

👉 ベースとなる金額は年間81.6万円です（2024年度）。未成年の子どもの数によって、年間23.4万円（3人目からは7.8万円）が加算されます。故人に配偶者がおらず、子ども自身が受け取るときは、人数によって金額を分けます。

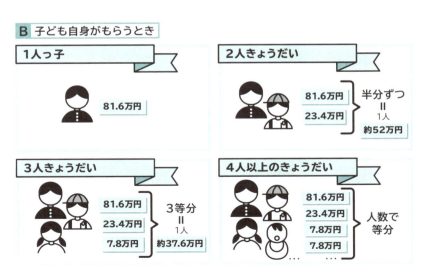

② 年金保険 国民年金の遺族年金・2
寡婦年金・死亡一時金

● **寡婦年金**（夫を亡くした妻がもらえる）

1 故人の条件は？ 　家計を支えたこと・保険料の納付など

☞ 生前に家計を支えており、次の A から D の条件をすべて満たす「夫」であることが条件です。

A	10年（120か月）以上、保険料を納めていた
B	障害等級1級・2級ではなかった
C	老齢年金を受給していなかった
D	遺族が「遺族基礎年金」52ページを受けとっていない

2 誰がもらえる？ 　10年以上結婚していた、65歳未満の妻

☞ 65歳未満で、故人と10年以上結婚していた妻がもらえます。

内縁でもOK！

3 いくらもらえる？ 　故人の老齢年金（予定額）の75％

☞ 故人が申請していればもらえたであろう 老齢年金の額 の、4分の3（75％）がもらえます。

故人の老齢年金の **75％**

老齢年金の額の計算については **48ページ**

54

3 いつからいつまでもらえる？ 妻が60～65歳の間

☞ 妻が60歳から65歳のあいだ支給されます。妻が再婚したり、65歳よりも前に老齢年金を 繰上受給 したりすると、寡婦年金は打ち切られます。

老齢年金を65歳よりも早くもらう 49ページ 4 → 65歳以降は妻本人の老齢年金がある！

A 夫死去時、妻が60歳未満

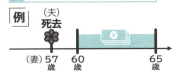

B 夫死去時、妻が60歳以上

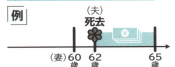

● 死亡一時金 （故人の家族がもらえる）

1 故人の条件は？ 家計を支えたこと・保険料の納付など

☞ 生前に家計を支えており、次の **A** から **C** をすべて満たすことが条件です。

A 3年（36か月）以上、保険料を納めていた

B 障害年金も老齢年金ももらっていなかった

C 遺族が遺族年金も寡婦年金ももらっていない

全額免除期間は算入不可！

36か月以上
保険料4分の3納付なら「4分の3か月」
4分の1納付なら「4分の1か月」となる

2 誰がもらえる？ 順位あり

☞ 故人と同一生計で、表のうち一番上位（左側）の人です。

1位	2位	3位	4位	5位	6位
夫・妻	子	父母	孫	祖父母	兄弟姉妹

3 金額は？ 故人の納付期間で決まる

☞ 故人の保険料納付期間で決まります。

保険料納付期間	3年～15年未満	15年～20年未満	20年～25年未満	25年～30年未満	30年～35年未満	35年以上
金額	12万円	14万5千円	17万円	22万円	27万円	32万円

② 年金保険

② 年金保険

厚生年金の加入者と保険料
加入者・金額・納め方など

1 加入者は？　勤めて働く人ほぼ全員

👉 サラリーマン、公務員など、どこかに勤めて働く70歳未満の人は、厚生年金に自動的に加入します。非正規の一部の人は例外です。

2 保険料の金額や納め方は？　9.15%を勤め先が天引き

👉 勤め先が、本人への給料から9.15%を天引きし、勤め先が負担する9.15%ほどとあわせて、保険料として納付します。本人は特に何もする必要がありません。

3 産休・育休中は？　保険料が免除

👉 出産・育児休業中は、保険料が免除されます。この期間も、保険料を納めたことにしてもらえるため、将来の年金額は減りません。

4 対象外の人は？　特別に加入できる場合あり

👉 厚生年金の対象外の人でも、加入できる場合があります。

A 勤務先が5名未満などで対象外（ 1 ）の人
→ 勤務先と厚生労働大臣が加入を認めればOK（任意適用）
→ 年金事務所に申請

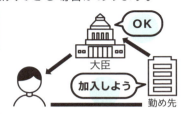

B 老齢年金の条件 58ページ を満たせずに70歳をこえてしまった人
→ 勤務先と厚生労働大臣が認めればOK（高齢任意加入）
→ 年金事務所に申請

5 企業年金や個人年金って？　上乗せのための任意の年金

👉 国民が自動的（強制的）に加入する国民年金や厚生年金とは違い、企業や個人が任意に（自分の選択で）加入する年金です。勤め先を通じて加入したり、個人で加入したりします。

企業年金

厚生年金基金
厚生年金の給付に加えて、上乗せをする

確定給付企業年金
将来の給付額が固定される
（※減額もありうる）

確定拠出年金（企業型）
将来の給付額は、掛金の運用収益で変わる

個人年金

個人型確定拠出年金（iDeCo）
自分の選択で掛金を運用。掛金で節税効果も

Check!
iDeCoをはじめよう

（国民年金基金連合会）

よく聞くNISAとの違いは 159ページ

②年金保険

② 年金保険

厚生年金の老齢年金
老齢厚生年金

1 何歳からもらえる？　通常は65歳から！

☞ 65歳から受給できます。ただし、受給を早めたり遅らせたりすることもできます。その場合、国民年金と同じ計算式で金額が増減します（49ページ）。また、仕事を続けている間は金額が減ることがあります（4）。

2 条件は？　10年以上の保険料の納付など

☞ 保険料の納付期間について、つぎの A と B の両方が必要です。

両方必要

A 20～60歳の間に、国民年金か厚生年金の保険料を10年（120か月）以上納めたこと

B 厚生年金の保険料を、1か月でも納めたこと

免除や減額・先のばし期間も算入OK！

サラリーマンなどの配偶者として扶養されていた期間も、算入OK！（46ページの「第3号」）

58

3 いくら もらえる？　基礎部分と比例部分の合計

👉 受給できる金額は、ⓐ 基礎部分と ⓑ 比例部分の合計です。基礎部分は保険料を納付した月数で計算します。比例部分は、働いていた期間の給料の額に比例します。

ⓐ **基礎部分**

1,700円 ※2024年度の金額 × ❓か月 保険料を納めた月数 ※上限480か月 ＝ 1年間でもらえる基礎部分

ⓑ **比例部分**

0.548% × 給与 サラリーマン時代の全期間の月給平均（ボーナスも割り振る） × ❓か月 厚生年金の保険料を納めた月数 ＝ 1年間でもらえる報酬比例部分

例01　20歳から60歳までサラリーマン、平均月給40万円
- ⓐ 基礎年金部分　1,700円×480か月＝ 年額81.6万円
- ⓑ 報酬比例部分　0.548%×40万円×480か月＝ 年額105万円
- ⓐ ＋ ⓑ ＝ 年額186.6万円＝**月額15.5万円**

例02　20歳から60歳のうち最初の10年間はサラリーマン（平均月給25万円）、その後の30年間は自営業（フリーランス）
- ⓐ 基礎年金部分　1,700円×480か月＝ 年額81.6万円
- ⓑ 報酬比例部分　0.548%×25万円×120か月＝ 年額16.5万円
- ⓐ ＋ ⓑ ＝ 年額98.1万円＝**月額8.1万円**

4 仕事を続けているときは？　減額される場合がある

👉 ⓑ 比例部分の月額と現在の月給の**合計が「50万円」を超える場合のみ**、比例部分が減額されます（在職老齢年金制度）。

> 0かマイナスになったら受給できない！

比例部分（月額） － (比例部分（月額） ＋ 月給 － 50万円) ／ 2 ＝ 働きながらもらえる比例部分（月額）

②年金保険

② 厚生年金の障害年金
年金保険
障害厚生年金

1 内容と条件は？ 障がいをおった人への生活保障。条件は3つ

👉 障がいをおった厚生年金の加入者に対する、生活保障の給付です。受給するためには、**A** から **C** のすべてを満たすことが必要です。

- **A** 初診日に厚生年金に加入していた
- **B** 保険料の納付期間が図のア・イのどちらかを満たす
- **C** 一定の障がい（**3**）がある

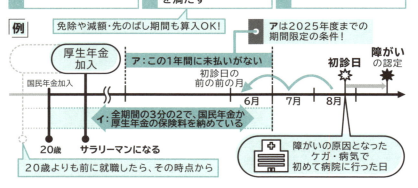

例
- 免除や減額・先のばし期間も算入OK!
- ア：この1年間に未払いがない（初診日の前の前の月）
- アは2025年度までの期間限定の条件！
- イ：全期間の3分の2で、国民年金か厚生年金の保険料を納めている
- 障がいの原因となったケガ・病気で初めて病院に行った日
- 20歳よりも前に就職したら、その時点から

2 金額は？ 基礎部分と比例部分の合計

👉 ⓐ 基礎部分と ⓑ 比例部分の合計額です。障がいの状況によって、金額の上乗せや、配偶者に関する加算があります（**3**）。

ⓐ **基礎部分** → 国民年金の障害年金 51ページ と同じ

ⓑ **比例部分**

0.548% × 給与（サラリーマン時代の全期間の月給平均（ボーナスも割り振る）） × ?か月（厚生年金の保険料を納めた月数）=  1年間でもらえる報酬比例部分

300か月未満は「300か月」として計算！

配偶者加算
65歳未満の夫or妻
+23.4万円

60

3 障がいの重さは？ 加算額や、年金か一時金かに影響

👉 障害等級の1級から3級なら年金（生涯もらえる）が、3級未満なら一時金（1回のみ）がもらえます。1級や2級には、金額が加算されます。

ⓘ 障害等級　※2024年度の金額

1級 ⟶ 比例部分が**1.25倍**&**配偶者加算**あり

2級 ⟶ **配偶者加算**あり

3級 ⟶ 基礎部分が**ない**から、
比例部分の**最低保障額**として**年額61万円**

3級未満 ⟶ 基礎部分が**ない**から、
比例部分の金額の**2倍**のお金を**1回だけ**もらえる（障害手当金）。
最低保障額は122万円　〔年金ではない！〕

等級	基準	具体例
1級	自力で日常生活ができない	両手の指をすべて失った
2級	自力で日常生活が難しい	片手の指をすべて失った
3級	働くのが難しい	片手の親指と人差し指を失った
3級未満	3級よりやや軽い	片手の人差し指を失った

例 01
- 32年間働いた50歳
- 平均月給39万円
- 障害等級1級

障害等級ごとの金額

ⓐ **基礎年金部分**　1級なので 年額102万円
ⓑ **報酬比例部分**　0.548%×39万×384か月× 1.25 ＝年額102.5万円
　↳ ⓐ＋ⓑ＝ 年額204.5万円＝**月額17万円**　〔1級だから〕

例 02
- 大学新卒2年目の24歳
- 平均月給22万円
- 障害等級3級

障害等級ごとの金額　300か月未満は「300か月」(2)

ⓐ **基礎年金部分**　3級なので なし
ⓑ **報酬比例部分**　0.548%×22万× 300か月 ＝36.1万円
　↳ ⓐ＋ⓑ＝ ~~年額36.1万円~~
　　↳ **最低保障額**…**年額61万円＝月額5万円**

61

② 厚生年金の遺族年金
遺族厚生年金

- 一定の遺族（**2**）がいるとき ☞ ● **遺族厚生年金**（このページ）
- 18歳未満（障害がある20歳未満）の子どもがいるとき
  ☞ ● **遺族基礎年金** 52ページ 53ページ もプラスでもらえる！

● 遺族厚生年金

1 故人の条件は？ 　**4つの条件のうち1つを満たすこと**

☞ 下の**A**から**D**のうちどれかに該当することが必要です。**A**と**B**では、亡くなった日を基準として、その前々月までの1年間に保険料の未払いがないか、前日までの加入期間のうち3分の2の納付が条件です。

A サラリーマン・公務員として在職中に亡くなった

B サラリーマン・公務員を退職したあと、在職中に初診日があるケガ・病気がもとで、初診日から5年以内に亡くなった

保険料の納付が条件
図の**ア**（1年条件）か**イ**（3分の2条件）のどちらかを満たせば受給できる

免除や減額・先のばし期間も算入OK！

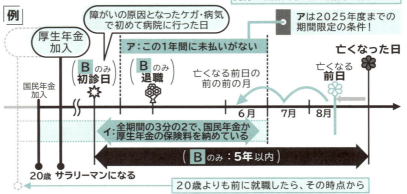

C 25年以上、保険料を納めてきた人が亡くなった

免除や減額・先のばし期間も算入OK！

D 障害等級1級・2級の「障害厚生年金」60ページの受給者が亡くなった

2 誰がもらえる？ 優先順位がある

☞ 下の図のうち、最も優先順位の高い1人がもらえます。

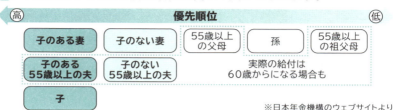

※日本年金機構のウェブサイトより

3 いくらもらえる？ 故人の老齢厚生年金の比例部分の4分の3

☞ 亡くなった人の老齢厚生年金（**1 D**は障害厚生年金）の比例部分の4分の3に当たる金額です。

1 A B D で300か月未満は「300か月」として計算！

4 額の**加算**や期間の**制限**は？ 受給者が妻の場合、年齢が影響

☞ 妻の年齢によって、年金の給付期間の制限や、金額の加算があります。

- 子のいない30歳未満の妻 → **5年間**で給付終了 ← 期間限定の年金
- 子のいない40歳以上の妻 → **65歳**までの間、年61.2万円**加算**

● 遺族基礎年金

1 **遺族基礎年金**とは？

詳しい条件や金額は 52ページ 53ページ

☞ 18歳未満（障害がある20歳未満）の子どもがいれば、遺族厚生年金と一緒に「遺族基礎年金」ももらえます。

計算のヒント
厚生年金の保険料を納めている期間は、**国民年金の保険料も自動的に納めている**！

② 年金保険

63

② 年金保険 離婚時の年金分割
国民年金・厚生年金

- 01 夫婦とも国民年金 → 分割なし
- 02 夫婦とも厚生年金 → 「合意分割」
- 03 片方が厚生年金の扶養 → 「3号分割」

→ 分割の請求は離婚から2年以内！

01 夫婦とも国民年金のとき — 年金の分割なし

国民年金には扶養のしくみがなく、夫婦それぞれが加入者になります。年金も、もともと夫婦それぞれが受け取るため、分割が必要ありません。

02 夫婦とも厚生年金のとき — 合意により分割

夫婦の合意によって、結婚している期間の年金保険料の記録を分けます。それにより、将来の年金額が分割されます。合意できなければ、家庭裁判所が代わりに決めます。

合意できなかったら裁判所が決める！（通常は半分）

03 片方が厚生年金の扶養のとき — 請求により分割

離婚から2年以内に、扶養に入っていた方の請求があれば、結婚している期間の厚生年金の比例部分の記録（＝将来の年金額）が夫婦間で半分にされます。合意は必要ありません。

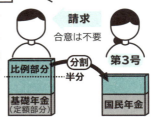

仕事と社会保障

パート1 介護休業について

 パート2は103ページ

1 なんのため？ 仕事と介護の両立体制をつくるための休み

☞ 要介護状態の家族がいるサラリーマンが、仕事を辞めることなく家族の介護の体制を作るための休業です。会社は休ませる義務があります。

- 2週間前までに申請
- 介護休業申請 / 休ませる義務
- 会社は休業を拒否できない
- 会社

休業の取得者に対して解雇など不利益を与えることは違法！都道府県の労働局や弁護士に相談を

2 条件は？ 2親等（配偶者関係は1親等）の要介護家族

☞ 下記の範囲の家族が、2週間以上、つねに介護が必要な状態であることです。パートやアルバイトの人は、条件があります。

- 2週間以上、つねに介護が必要
- 配偶者、父母、子、義理の父母、祖父母、兄弟姉妹、孫
- 介護

Check! 介護休業とは（厚生労働省）

3 内容は？ 通算93日間を、3回まで分けて取得できる

☞ この日数は、「自分で介護をするため」というより**「介護の体制を整えるため」の期間**です。介護保険（次のページから）を活用し、家族とも相談して、仕事と介護を両立できる体制を作りましょう。

- 通算93日間
- まとめて1回でも、3回に分けても（たとえば31日×3回など）どちらでもOK！
- 使い切ったら、介護休暇や残業の免除、有給休暇を活用！

家族・親族との役割分担

要介護認定の申請 70ページ

施設の見学

地域包括支援センター 80ページ や、ケアマネージャーに相談

4 休業中の生活費は？ 雇用保険から出る

☞ 介護休業中の生活費保障は、条件を満たせば、雇用保険から給付されます。

介護休業給付金 116ページ

65

③ 介護保険のしくみ

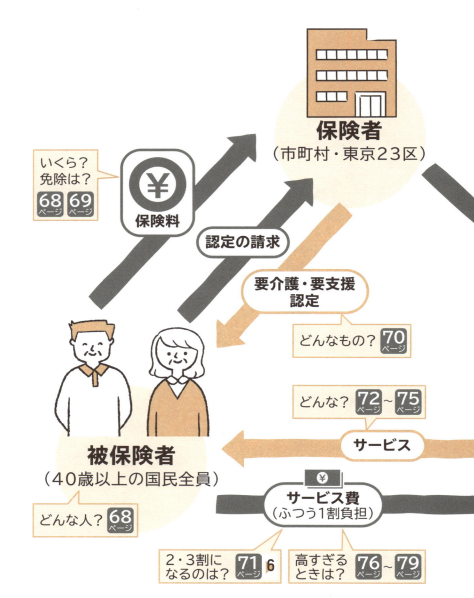

介護が必要な状態になったときに、安い自己負担で介護サービスを保障するしくみが介護保険です。**40歳以上になったら、全国民**（一定の外国人も含む）**が加入します。**

全体のしくみは医療保険 [24ページ] に似ています。ただし、介護保険では、まず

「要介護・要支援認定」 [70ページ]

を受けなければ、保険を使うことができません。また、要介護状態の重さによって、**保険で利用できるサービス（金額）に上限があります** [70ページ]３。

この２点が、医療保険との大きな違いです。

サービスを受けるときには、**自分でサービス事業者を選んで契約し**、サービスを受けます。

被保険者の立て替えが必要な場合は？
[71ページ]５

残りの
9割ぶん

介護サービス事業者
（社会福祉法人や医療法人、株式会社など）

保険がきくのは
都道府県知事の認定を受けた
事業者（指定事業者）

③ 介護保険

③ 介護保険の加入者と保険料
加入者・金額・納め方など

1 加入者は？ 　40歳以上の国民全員！

👉 40歳以上の国民は、住んでいる市町村・特別区（またはその連合体）の介護保険に、自動的に加入します。65歳以上が第1号、40〜64歳が第2号と、年齢によって区別がされます。第2号は、一定の病気（特定疾病 70ページ）のときにしか介護保険を使えません。

2 保険料の金額は？ 　第1号と第2号でちがう！

👉 第1号の保険料は、加入者の収入に応じて、それぞれの市町村が決めます。第2号の保険料は、その人の入っている医療保険（国保または健保）と似たような方法で計算します。

第1号の1か月の介護保険料

全国の平均額	6,225円
市町村別の最低額	3,374円
市町村別の最高額	9,249円

※基準額（2024〜2026年度）

第1号の所得ごとの保険料の増減

所得段階	保険料の減額（例）
第1段階	50％引き
第2段階	25％引き
第3段階	25％引き
第4段階	10％引き
第5段階	基準額そのまま
第6段階	20％増し
第7段階	30％増し
第8段階	50％増し
第9段階	70％増し

※割引・増加額は市町村ごとに異なる。
　また、第6段階以降をもっと細かく分ける市町村もある（最大で17段階）

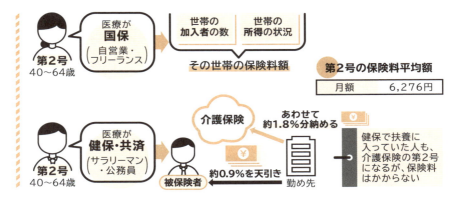

3 保険料の納め方は？ 第1号は年金から天引き、第2号はそれぞれの医療保険へ！

👉 第1号は65歳以上なので、受給している年金から介護保険料が天引きされます（年金が年額18万円未満の時は、加入者が自分で納めます）。

👉 第2号は、それぞれの医療保険の保険料とまとめて納めます。

4 保険料が払えないときは？ 免除、減額、先のばし！

👉 特別の理由があれば、保険料の免除や減額、先のばしがされます。市町村ごとに異なるので聞いてみましょう。

災害や生計維持者の死亡など

5 保険料を納めないとどうなる？ 差押えや利用費全額自己負担の可能性！

👉 医療保険と同じように、督促・滞納処分を受けたり、サービス利用費が全額自己負担となるおそれがあります。

督促・滞納処分については 国保の保険料 27ページ 5

督促状
納めないとさしおさえるかもよ

③ 介護保険 要介護認定
介護保険利用の入り口

1 要介護認定って？ 介護保険を使えるかどうかの認定

👉 介護保険は、市町村から、介護の必要性に関する認定（要介護認定）を受けてはじめて、利用することができます。また、40〜64歳の人（68ページの第2号）は、一定の病気（「特定疾病」）が原因のときだけ、介護保険が使えます。

2 手続きは？ 市町村に申請して、調査・判定をうける

👉 市町村に認定の申請をすると、調査がされ、かかりつけの医師の診断書などを参考にして、専門家が判定をします。結果は30日以内に通知されます。

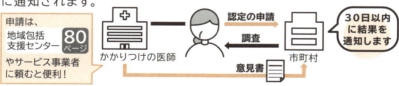

3 判定は？ 非該当／要支援1・2／要介護1〜5

👉 「非該当」の判定がでたら、まだ介護保険は使えません。要支援1・2だと、「予防給付」（72ページ〜75ページの 予 マーク）だけが使えます。要介護度の重さに応じて、保険が使える上限の金額（1か月当たり）が決まります。

介護度	非該当	要支援1	要支援2
月額の上限	利用不可	50,320円	105,310円

介護度	要介護1	要介護2	要介護3	要介護4	要介護5
月額の上限	167,650円	197,050円	270,480円	309,380円	362,170円

要支援なら「予防給付」だけ使える！

このうちの1割〜3割を自己負担する（6）

※地域によって、金額に少し差があります。

4 次の手順は？　専門家に相談してケアプランを作る

👉 サービス事業者のケアマネジャーや、地域包括支援センター 80ページ に相談をして、本人に適したサービスの「ケアプラン」を作成します。そのプランに基づいて、サービスを受けることになります。

自分でも作れるけど、無料なので専門家に相談するのがおすすめ！

5 サービスの受け方は？　事業者を選んで契約。代理受領が便利

👉 自分が選んだ事業者と契約してサービスを受けます。ケアプラン（4）を作ったら、事業者への支払いは自己負担分だけでOKです（代理受領のしくみ）。ケアプランがなければ、いったん全額自己負担が必要です。

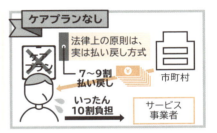

6 自己負担の割合は？　1〜3割。収入によって変わる

👉 本人や世帯の収入によって、サービス利用時の自己負担の金額が変わります。施設入所時の食費や居住費などは、保険対象外なので全額自己負担ですが、所得などによっては特別の割引 78ページ もあります。

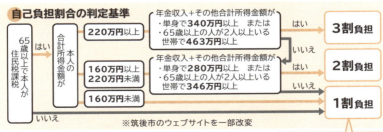

※筑後市のウェブサイトを一部改変

食費と居住費（滞在費）は、保険がきかない　　食費と居住費の特別の割引は 78ページ　　自己負担が高すぎるときは 76ページ

③ 介護保険

介護保険のサービス・1
居宅サービス【1】

1 居宅サービスって？　自宅で生活しながらうける介護

👉 自宅に住み続けながら介護を受けるのが、居宅サービスです。

自宅が生活の場

自宅に来てもらう（訪問）

訪問介護（ホームヘルプ） ホームヘルパーが自宅に来て、入浴・排せつなどの介護や、調理・洗濯などの生活援助をする。	**居宅療養管理指導** 予 医師や薬剤師、管理栄養士などが自宅に来て、療養上の管理などをしてくれる。
訪問入浴介護 予 介護職員と看護師が、自宅まで浴槽をもってきて、入浴介護をする。	**定期巡回・随時対応型訪問介護看護** 地域 訪問介護と訪問看護が一体化。連絡すれば24時間365日対応してくれる。
訪問看護 予 病気のある人の自宅に看護師が来て、療養の世話や診療補助をする。	**夜間対応型訪問介護** 地域 夜間に、定期的な巡回訪問をして、入浴や食事の提供などを実施。
訪問リハビリテーション 予 理学療法士や作業療法士などが自宅に来て、自宅での生活能力を向上させるためのリハビリをしてくれる。	予 **マークのサービス** 要支援認定（要支援1または2）の人は、このマークの付いたサービスだけを利用できる。（予防給付）

2 種類は？ 自宅に呼ぶ・施設に通う・短期宿泊の3つ

👉 居宅サービスの種類として、「自宅に来てもらう」・「自宅から施設に通う」・「施設に数日宿泊する」の3つがあります。これら3つを組み合わせたサービスの方法は、74ページ で紹介します。← 組み合わせるサービスは次のページで！ 74ページ

自宅から通う（通所）

通所介護（デイサービス）
デイサービスセンターで、食事、入浴などの日常生活上の支援や生活機能の改善支援を行う。

通所リハビリテーション（デイケア） 予
老健や病院で、食事、入浴などの日常生活上の支援や生活機能の維持・改善のためのリハビリを行う。

地域密着型通所介護 地域
定員18名以下の小規模なデイサービス。

認知症対応型通所介護 地域 予
認知症の診断がある人のみ利用できる、定員12名以下のデイサービス。

短期間だけ施設に泊まる（宿泊）

短期入所生活介護（ショートステイ） 予
特養などに数日間入所して、食事・入浴などの介護や機能訓練をうける。

短期入所療養介護 予
ショートステイに医療も加わる。

地域 マークのサービス
原則として、住んでいる市町村など、保険者の地域内でしか受けられない。
（地域密着型サービス）

③ 介護保険のサービス・2
居宅サービス【2】

1 特別な居宅サービスは？　組合せ・自宅改修・用具貸与

👉 72ページ 73ページ の居宅サービスの、訪問・通所・宿泊を組み合わせることもできます。また、介護用品のレンタルや、介護のための自宅改修費用の補助もあります。

特別な居宅サービス	
小規模多機能型居宅介護 訪問・通所・宿泊を柔軟に組み合わせられる。サービス費用は月額包括方式（「月額〇〇円」）。	**居宅介護福祉用具購入費の一部支給** 簡易浴槽や腰掛便座などの道具を購入するとき、合計年間10万円まで、1〜3割負担で買える。
看護小規模多機能型居宅介護 小規模多機能型居宅介護に、さらに看護も追加。医療が必要な人向け。	**居宅介護住宅改修費** 手すりの取り付け・段差解消などの改修費用を、合計年間20万円まで、1〜3割負担でできる。
福祉用具貸与 車いすや介護ベッド、認知症の人の徘徊感知機器などの道具をレンタルしてもらえる。	

予 マークのサービス
要支援認定（要支援1または2）の人は、このマークの付いたサービスだけを利用できる。（予防給付）

地域 マークのサービス
原則として、住んでいる市町村など、保険者の地域内でしか受けられない。（地域密着型サービス）

介護保険のサービス・3
施設サービス

③ 介護保険

1 内容は？ 施設に入ってサービスをうける

👉 自宅を出て、長期にわたって施設で生活しながら介護を受けるのが、施設サービスです。

施設が生活の場

どの施設が自分や家族に合うか、地域包括支援センター （80ページ）などで相談を！

2 いつまで？ 看取りができる施設も。要介護度の制限あり

👉 人生の最期まで過ごすことができます。看取りができる施設もあります。

施設に入る	
介護老人福祉施設（特別養護老人ホーム＝特養） つねに介護が必要で、自宅での介護が困難な高齢者が入所（原則、要介護3以上の人のみ）。	**認知症対応型共同生活介護（グループホーム）** 地域 予 認知症の人が、5〜9人の少人数で共同生活をする。
介護老人保健施設（老健） 状態が安定している人向け。在宅復帰のためのリハビリを中心とした介護を実施。	**特定施設入居者生活介護** 予 介護付有料老人ホーム。日常生活上の支援や介護を提供する。
介護医療院 医療機能と生活施設を兼ね備えた施設で、看取りやターミナルケアなどができる。	**地域密着型 特定施設入居者生活介護** 地域 定員29名以下の小規模な介護付き有料老人ホーム。
介護療養型医療施設 ※2023年度末で終了 急を要する治療を終えて、長期の療養を必要とする人のための医療施設。	**地域密着型介護老人福祉施設入所者生活介護** 地域 定員29名以下の小規模な特別養護老人ホーム（特養）。（原則、要介護3以上の人のみ。）

③ 介護保険 自己負担をさらに安く
高額介護サービス費

1 自己負担が高いときは？ 上限額以上は払い戻される

👉 毎月の自己負担額に上限額があり、その上限を超えた分を払い戻してもらえるしくみがあります（高額介護サービス費制度）。上限額は、その人の収入などで決まります。

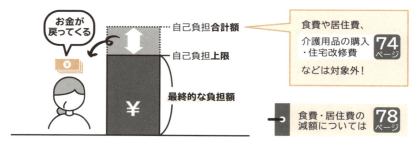

食費や居住費、介護用品の購入・住宅改修費などは対象外！　74ページ

食費・居住費の減額については　78ページ

自己負担の上限額

出典：厚生労働省ウェブサイト

区分	負担の上限額（月額）
課税所得 690万円（年収約 1,160万円）以上	140,100円（世帯）
課税所得 380万円（年収約 770万円）～ 課税所得 690万円（年収約 1,160万円）未満	93,000円（世帯）
市町村民税課税～ 課税所得 380万円（年収約 770万円）未満	44,400円（世帯）
世帯の全員が市町村民税非課税	24,600円（世帯）
前年の公的年金等収入金額＋その他の合計所得金額の合計が80万円以下の方など	24,600円（世帯） 15,000円（個人）
生活保護を受給している方など	15,000円（世帯）

▭ →税引き後の手取り額から、さらに各種控除をした年収
▭ →税引き前の年収（額面）

負担限度額は、収入の状況によって異なる

2 医療費も払っているときは？ 介護費と合算ができる

👉 介護費だけでなく医療費も払っているときは、両方の自己負担を合計した額について、1年間（8/1〜翌年7/31）の上限があります。これを超えた分は払い戻されます。

詳しくは 37ページ 39ページ

3 上限額以上の立て替えは？ いったんは立て替えが必要

👉 医療保険の高額療養費制度 36ページ では、「限度額認定証 37ページ」により、最初から上限額まで支払うだけでよくなり、立て替えが必要ありません。ただし介護保険には、このしくみがないため、上限額以上をいったん支払うことが必要です（介護保険には負担限度額認定 78ページ がありますが、別のしくみです）。

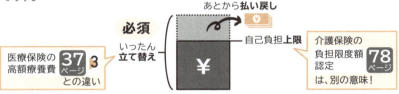

4 利用料自体の割引は？ 社会福祉法人などによる割引あり

（1）無料低額事業

…社会福祉法人や医療法人が、独自に利用料を減額するしくみです。37ページ の無料低額診療の、介護バージョンです。ただし、食費などは対象外です。

（2）利用者負担軽減制度（社福減免）

…市町村長によって生計の維持が困難と認定された人に対して、サービスを提供する社会福祉法人や医療法人が、利用料などを割引する制度です。

③ 介護保険

77

③ 介護保険 食費・居住費の割引
補足給付ほか

1 施設に入ったら必要な費用は？ 〈食費・居住費など〉

☞ 施設入所やショートステイでは、施設で生活することになるので、食費や居住費（滞在費）などの費用がかかります。これらの費用は、介護保険がきかないので、全額自己負担が原則です。ただし次の **2** 参照。

➕食費 ➕居住費 ➕個室代 ＝ **原則自己負担**
（自宅で介護を受ける人との公平性のため）

2 食費・居住費などの割引は？ 〈4種類の割引がある〉

☞ 一定の場合には食費や居住費が割引されます。**A** から **D** の4種類です。

A 負担限度額認定（補足給付）
↳ 世帯全員が非課税の場合が対象
住民税非課税世帯では、所得や預貯金の状況で4つの「段階」に分かれて、割引が受けられます。

対象は、
・介護老人福祉施設（特養ホーム）
・介護老人保健施設（老健）
・介護療養型医療施設
・介護医療院
の4施設への、
「入所」および「ショートステイ」

段階分けの表　　　　　　　　　　　　　　　　　　　株や債券も含む

段階	年金収入など	預貯金など
第1段階	生活保護・老齢福祉年金受給者	単身1,000万円、夫婦2,000万円以下
第2段階	80万円以下	単身　650万円、夫婦1,650万円以下
第3段階①	80万円超 120万円以下	単身　550万円、夫婦1,550万円以下
第3段階②	120万円超	単身　550万円、夫婦1,500万円以下
第4段階	（住民税課税者がいる世帯）	（限定額認定なし＝割引なし）

第4段階でも、**79**ページの **B** 特例減額の可能性がある！

78

段階ごとの、1日当たりの負担限度額

利用者負担段階	居住費・滞在費				食費	
	従来型個室（定員2名以上 リビングなし）	多床室	ユニット型個室（リビング併設で8畳以上）	ユニット型個室的多床室（リビング併設で6畳以上）	施設サービス	短期入所サービス（ショートステイ）
第1段階	490円（320円）	0円	820円	490円	300円	300円
第2段階	490円（420円）	370円	820円	490円	390円	600円
第3段階①	1,310円（820円）	370円	1,310円	1,310円	650円	1,000円
第3段階②	1,310円（820円）	370円	1,310円	1,310円	1,360円	1,300円
第4段階	限度額なし（施設の定める金額）					

（　）内は特養ホーム利用時　　（出典：東京都江東区ウェブサイトを参照のうえ一部改変）

B 特例減額
世帯員が課税されていても対象。A の第3段階②に！

課税世帯であっても、下記の条件をすべて満たすときは、A の第3段階の②の金額が適用されます。

- ⓐ 2人以上の世帯
- ⓑ 世帯員が介護保険料を滞納していない
- ⓒ 世帯の合計預貯金が450万円以下で資産もない
- ⓓ 世帯員の年間収入から、施設利用の自己負担額・食費・居住費の年額を引いた額が80万円以下

対象は、A と同じ4施設への、「入所」のみ。ショートステイは対象外！

C 利用者負担軽減制度
個々の社会福祉法人による割引 → 社会福祉法人による割引

77ページ の 4（2）で紹介した制度です。食費や居住費も割り引く施設もあります。

D 境界層該当措置
生活保護ギリギリの人が対象 → 生活保護の申請が必要！

普通に費用を負担したら生活保護基準を下回る場合です。

3 方法は？　どれも、市町村などの「認定」などが必要

☞ A から D のそれぞれについて、市町村から認定などを受ける手続きがあります。手続きや基準が複雑なので、ケアマネジャーや施設、市町村に相談しましょう。

市町村

認定など

施設・市町村窓口などに相談を！

専門家でも制度を知らないことがあるので、いろんなところに聞いてみて！

79

③ 介護などの相談支援
介護保険
地域包括支援センター

1 どんなもの？ 市町村が作る、介護などの総合的な相談窓口

👉 地域住民の、介護や心身の健康に関する相談や援助を行うための機関です。市町村が作ります。介護や医療、福祉の専門家がいます。相談は無料です。

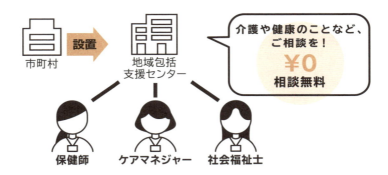

2 どこにある？ 全国各地に、合計で5,431か所！

👉 2023年4月時点で、全国に5,431か所、支所を含めると7,397か所あります。各市町村に少なくとも1つはあります。

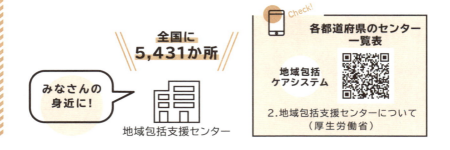

80

一緒に住んでいても別の世帯と扱う ③介護保険
世帯分離

1 どんなもの？　一緒に住んでいても「別世帯」とすることで、世帯収入の計算や給付の条件が変わる

👉 一緒に住んでいる人は、ふつうは同じ世帯と判断されますが、手続きをすれば、同居のままで「別世帯」にできます。介護保険などの自己負担の上限が変わったり、生活保護の条件（→働く義務の範囲 153ページ）が変わったりします。市町村の役所で手続きをしましょう。

2 世帯分離できる条件は？　実際に家計を別にしていること

👉 実際に家計（生計）が別になっていることが、世帯分離ができる条件です。たとえば、おじいちゃんの年金はおじいちゃんの生活だけに使っている場合などです。

同居しているけど家計は別々
→世帯分離OK！

3 注意点は？　夫婦の場合、社会保障上は効果がないことも

👉 夫婦の場合にも、条件を満たせば世帯分離はできます。ただ、社会保障のしくみでは、夫婦が世帯分離されても、夫婦の収入を合算して世帯収入が計算される場合があります。

社会保障のしくみでは、世帯収入を合算するときも！

民法の「扶助の原則」があるから

81

④ 労災保険のしくみ（1）

サラリーマンの仕事・通勤中の傷病への補償（労災保険）のしくみ

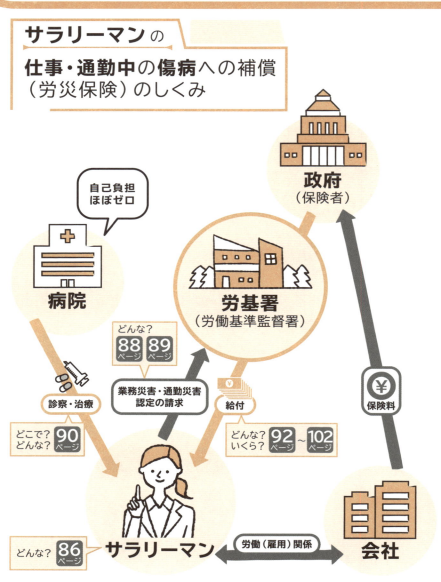

仕事中や通勤中のケガ・病気などの事故に対する給付を行うのが、**労災保険**です。

労災保険は、**サラリーマン**のように、**会社などに勤めて働く人（労働者）をほぼ全員対象**にしています。ただし、自営業やフリーランスの人は、原則として加入することができません。

労災保険は、**ケガや病気に対する医療、収入の減少に対する年金**など、多くの手厚い給付を備えています。健康保険や厚生年金などとの関係がややこしいので、下の表を見てみてください。なお、

公務員の場合は、**労災保険とは異なるしくみに加入します**。

公務員の仕事・通勤中の傷病（公務災害）への補償のしくみ を見てください。

サラリーマン

仕事・通勤中の		私生活上の	
傷病の 治療・入院	死亡などへの 所得保障	傷病の 治療・入院	死亡などへの 所得保障
労災保険	労災保険 ＋ 厚生年金	健康保険	厚生年金

自営業・フリーランス

仕事・通勤中／私生活を問わず…	
傷病の 治療・入院	死亡などへの 所得保障
国民健康保険	国民年金

④ 労災保険のしくみ（2）

公務員の仕事・通勤中の傷病（公務災害）への補償のしくみ

地方公務員 87ページ

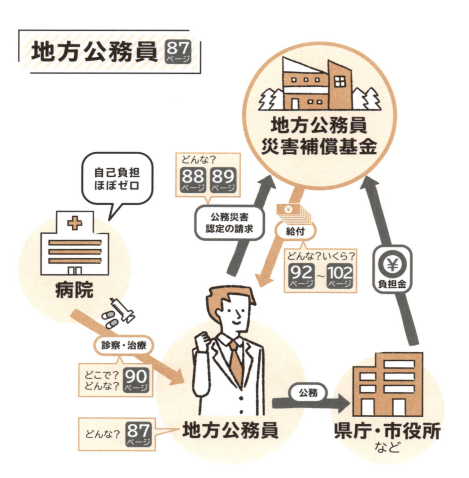

公務員の仕事中や通勤中のケガ・病気などの事故に対する給付を行うのが、「公務員災害補償」のしくみです。

地方公務員については「地方公務員災害補償基金」が、国家公務員については国が、制度の管理運営をしています。

保障（補償）の内容は、労災保険とほとんど同じです。金額の違いなどについては、各ページで紹介しています。

国家公務員 87ページ

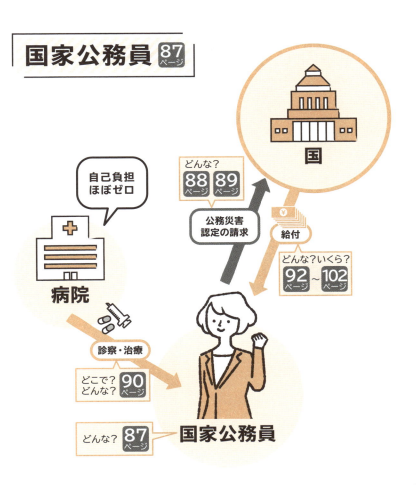

④ 労災保険の加入者
だれが対象？

労災保険

公務員は 87 ページ

1 加入者は？　労働者全員が自動的に加入

👉 労働者（サラリーマン）は、だれでも自動的に、労災保険に加入します。国が法律で強制しているためです。保険料は、会社だけが負担します。ただし労働者ではない人は、原則として加入できず、仕事・通勤中の事故に対する特別の保障はありません（国保や国民年金で対応）。

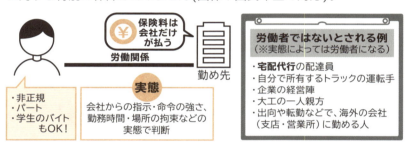

2 労働者以外でも加入できる？　特別加入制度がある

👉 労働者ではない人のうち、一定の業種の人は、手続きをすれば労災保険に「特別加入」ができます。保険料は本人が負担します。

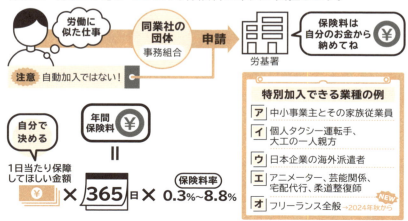

86

公務災害補償の対象者
だれが対象？

サラリーマンは 86 ページ

④ 労災保険

1 **国家公務員**の公務災害は？　国家公務員災害補償制度

👉 国家公務員向けの災害補償制度に、自動（強制）的に加入します。ちなみに、大臣などの「特別職」は、それぞれ独自のしくみに加入します。

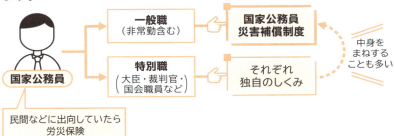

2 **地方公務員**の公務災害は？　地方公務員災害補償基金

👉 地方公務員向けの災害補償基金に自動（強制）的に加入します。ただし、非常勤のうちの一部の人は、各自治体の条例によるしくみや、労災保険に加入します。

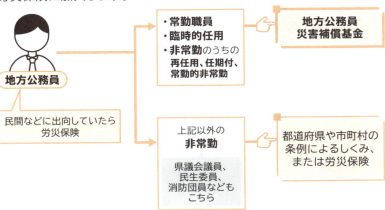

④ 業務災害の認定
労災保険
仕事上の事故と認められるには？　公務員も同じ

1 判断の**基準**は？　仕事が原因かどうか　業務起因性

👉 労災保険の給付対象かどうかの判断は、仕事が原因かどうかです。会社が悪いかどうかではありません。

 労災民訴 **160**ページ

2 判断の**方法**は？　2段階で判断

👉 仕事中かどうか、仕事が原因かどうかの2段階です。

- **ア** 職場内ならOK！
- **イ** 職場外でも、仕事中（出張や営業など）ならOK！

常識的に考えて、**原因の半分以上**が仕事だと言えるかどうか

業務災害とされた例

- **例01** 出張先の宿泊施設でお酒を飲み、階段で転んで死亡。
- **例02** 歓送会のあと、仕事場に戻る途中に、参加者をアパートまで送る際の交通事故死。

3 職業病・過労死・うつ病などは？　リスト・基準あり

👉 業務上か、業務外かの判断が難しいため、リストや基準が作られています。

ⅰ 職業病
騒音・振動などの蓄積

「職業病リスト」にのっていれば業務災害

ⅱ 脳・心臓疾患
長時間労働による脳出血や過労死など

ⅲ 精神疾患
仕事のストレスによるうつ病や自殺など

行政の定める「認定基準」に基づいて判断

  Check!
厚生労働省「職業病リスト」

  Check!
厚生労働省「脳・心臓疾患の労災認定」

  Check!
厚生労働省「精神障害の労災認定」

通勤災害の認定
通勤中の事故と認められるには?   公務員も同じ

④ 労災保険

1 通勤って？　下の図のすべてが「通勤」=労災保険の保障対象

👉 通勤中の事故も、労災保険で保障されます。単身赴任や別の勤務先への移動も「通勤」に含まれます（★以外には条件があります）。給付の内容は、仕事上の事故とほぼ同じ（名前から「補償」が外れる）です。

給付内容は仕事上の事故と同じ！

単身赴任先の条件の例

- 例01　配偶者自身が要介護状態、あるいはその土地で家族の介護をしている
- 例02　配偶者が、その土地の学校に通う子どもを育てている
- 例03　配偶者が、その土地で働いている

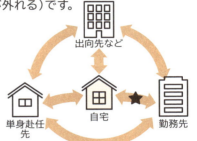

2 途中で通勤ルートを外れたときは？　例外的に復活もある

👉 ルートを外れた後の事故は、原則、対象外です。ただし例外もあります。

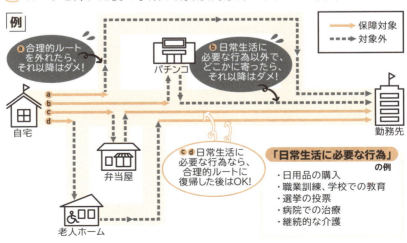

「日常生活に必要な行為」の例
- 日用品の購入
- 職業訓練、学校での教育
- 選挙の投票
- 病院での治療
- 継続的な介護

89

④ 労災保険 ケガや病気の治療

療養補償給付（業務災害）・療養給付（通勤災害） 公務員もだいたい同じ

1 給付の**内容**は？　治療が無料または200円で受けられる

👉 ケガ・病気の治療が、業務災害（療養補償給付）なら無料、通勤災害（療養給付）なら200円で受けられます。

休業給付を受けないときは免除（無料）！ 92ページ

2 **条件**は？　指定病院に行き、あとから書類を提出する

👉 労災保険を使って治療を受けるには、次の2つの条件が必要です。**A** の条件に関しては、例外もあります（**4**）。

A 「労災指定」をもっている病院にいく　　近くにないとき・緊急のとき→**4**
B 病院経由であとから労基署に書類（「請求書」）を提出する

労災指定病院の検索サイト（厚生労働省）

3 **いつから**いつまで？　治るまで（退職したあともOK）

👉 ケガ・病気が治るまでの全期間、給付が受けられます。治療の途中で退職しても、最後まで給付を受けられます。

4 近くに労災指定病院が**ない**ときは？ あとで払い戻し

👉 緊急時や、近くに労災指定の病院がないときは、いったん治療費を全額（10割）立て替えて、あとで労基署に請求すれば、治療費が払い戻されます。

5 入院時の**食事**や**個室料**は？ 食事は無料、個室は有料

👉 入院時の食事代は無料です。個室等を希望する場合は、差額の料金を自己負担する必要があります。

ただし病院側の事情や、医療上の必要があれば無料

6 **先端的**な医療は？ 労災保険の範囲外なら自己負担

👉 労災保険の範囲（健康保険と同じ）外の治療は自己負担です。もし全面的に範囲外の治療（最先端・特殊な医療など）を受ける場合、治療のために休業しても休業補償給付・休業給付（92ページ）が出ないおそれがあります。

しかも、休業補償給付・休業給付（92ページ）が出ないかも

7 あえて労災保険を**使わない**？ 全額自己負担のおそれ

👉 仕事中のケガなどについて健康保険（3割負担）で受診しようとすると、健康保険の保険者などから「労災保険の問題ではないですか？」と指摘を受け、労災保険への切り替えを求められる可能性があります。それを拒否すると、治療費が100％自己負担になる可能性があります。

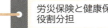
労災保険と健康保険の役割分担

（83ページ）

仕事・通勤のケガの治療は労災保険で！

④ 労災保険

91

④ 労災保険 治療休業中の金銭給付
休業補償給付（業務災害）・休業給付（通勤災害） 公務員もだいたい同じ

1 内容は？ 治療休業中に給料の8割ほどを給付

👉 治療で休業するとき、過去3か月の平均日給の8割ほどを保障します。金額の上限や下限があります。

その人の平均日給の8割ほど ← 政府

例 「平均日給」の計算例
給料月20万円、10月に傷病

月収20万 × 3か月 ÷ 92日 の80% = 1日約¥5,200

- ボーナスは算入しない
- 7・8・9月
- 31日+31日+30日
- 年齢ごとに上限・下限あり

2 条件は？ 認定・働けない・給料が（一部）出ないの3つ

👉 A～Cの3つの条件を、すべて満たす必要があります。Cで給料が一部出るときは、給付が減額されます。

A 「業務災害 88ページ」か「通勤災害 89ページ」の認定を受けた
B 働くことができない
C 治療休業中に勤務先から給料が（一部）出ない

労基署 認定 ケガ・病気 ← 給料なし 勤め先

3 いつからいつまで？ 休業3日目から最長1年半

👉 休業3日目から休業終了まで、最長で1年半のあいだ給付されます。

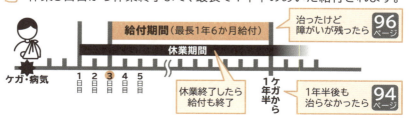

給付期間（最長1年6か月給付）
休業期間
ケガ・病気
1日目 2日目 3日目 4日目 5日目
休業終了したら給付も終了
1ケ年半から
治ったけど障がいが残ったら 96ページ
1年半後も治らなかったら 94ページ

介護のための金銭給付

介護補償給付（業務災害）・介護給付（通勤災害） 公務員も同じ

④ 労災保険

1 内容は？ 労災から介護の費用の給付

👉 仕事・通勤が原因で生じた障がいによって、介護を受けている人に対する、費用の保障です。ほかの給付とも併用でき、介護保険よりも優先して適用されます。

政府 → 介護

2 条件は？ 認定・障がい・介護状況などが条件

👉 A～Dの4つの条件を、すべて満たす必要があります。Cの介護は、業者ではなく家族や友人による介護でもOKです。

A	「業務災害 88ページ」か「通勤災害 89ページ」の認定を受けた
B	障害等級1級（または2級の一部）に該当し、つねに介護が必要、またはときどき介護が必要　精神神経・胸腹部の臓器
C	実際に介護を受けていること
D	病院や介護施設に入院・入所していないこと

C 家族・友人による介護でもOK！

D 入院・入所していない
病院　介護施設

3 金額は？ 介護の状況・誰が介護するかで計算

👉 どれくらい介護が必要か、および、誰が介護をするか、によって金額が変わります。

↓誰が介護をするか↓	つねに介護が必要	ときどき介護が必要
すべて業者による介護	上限**17.8万円**までの実費	上限**8.9万円**までの実費
親族・友人のみの介護	一律で**8.1万円**	一律で**4万円**
親族・友人の介護と業者による介護の両方	上限**17.8万円**までの実費（ただし最低でも**8.1万円**を給付）	上限**8.9万円**までの実費（ただし最低でも**4万円**を給付）

93

④ 治らないときの金銭給付

労災保険

傷病補償給付（業務災害）・傷病給付（通勤災害） 公務員もだいたい同じ

1 内容は？ 治らないとき、障がいに応じて給付

👉 傷病が治らず、さらに障がいが残ったときに、障がいの程度に応じて2種類の年金や一時金を給付します。障害厚生年金などとは別物です。

障害厚生年金とは別に給付

2 条件は？ 認定・治っていない・障がいの3つ

👉 A～Cの3つの条件を、すべて満たす必要があります。

A	「業務災害 88ページ」か「通勤災害 89ページ」の認定を受けた
B	1年半過ぎても傷病が治っていない
C	障害等級1級～3級にあてはまる

治ったけど障がいなら → 障害補償給付・障害給付 96ページ

等級	具体的な例
1級	両目が失明している
2級	両目の視力が0.02以下
3級	片目が失明、残りが0.06以下

3 金額は？ 障害等級ごとに、年金1・年金2・一時金の合計額

👉 ⓐ 年金1 と ⓑ 年金2 は治らない限りずっともらえます。
ⓒ 一時金は1回だけもらえます。

障害等級→	1級	2級	3級
ⓐ 年金1（平均日給の日数分）	313日分	277日分	245日分
ⓑ 年金2（平均ボーナスの日数分）	313日分	277日分	245日分
ⓒ 一時金（障害等級ごとに一律）	114万円	107万円	100万円

ⓐ 平均日給の計算は、休業補償給付・休業給付 92ページ と同じ

ⓑ の「平均ボーナス」の計算方法

過去1年間のボーナス合計額
平均日給×73日分　150万円
のうち最も低い額 ÷ 365日
1日当たりのボーナス額というイメージ

公務員の場合、ⓑ は ⓐ の額の 20％

94

| 例 | 給料月20万円、ボーナス年間60万、10月に傷病、障害等級1級 | 休業補償給付・休業給付 1 の計算式より |

ⓐ **年金1**（平均日給）20万円×3か月÷92日×80％＝約**5,200円**

ⓑ **年金2**（平均ボーナス）

過去1年間のボーナス合計**60万円**

平均日給（約5,200円）×73日分＝約 **37.9万円**

150万円

→のうち最も低い額 **37.9万円** ÷365日＝約**1,040円**

ⓐは**5,200円**×313日分＝年額162.7万円（ **月額13.5万円** ）
ⓑは**1,040円**×313日分＝年額　32.5万円（ **月額　2.7万円** ）

→ ⓐ ＋ ⓑ ＝ 年額195.2万円＝ **月額16.2万円**

つまり**毎月16.2万円**をずっともらえる。— 実際の給付は2か月ごとに

さらに、

ⓒ **114万円**を1回もらえる。

4 ほかの障害年金との関係は？　同時に受給OK（減額あり）

☞ 国民年金（障害基礎年金 50ページ）や厚生年金（障害厚生年金 60ページ）と一緒に受給できます。ただし、下のように労災のほうが一部減額されます。

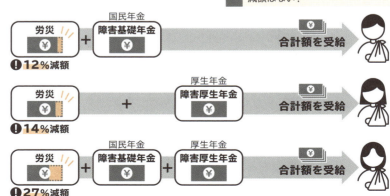

遺族年金・老齢年金との組合せだと、減額はない！

④ 障がいに対する金銭給付

労災保険

障害補償給付（業務災害）・障害給付（通勤災害）　公務員は金額の項目が多い

1 内容は？　治った・固定したとき、障がいに応じて給付

☞ 傷病が治った（またはそれ以上良くならない＝固定した）とき、障がいがあれば、その障がいの程度に応じて2種類の年金などが給付されます。

2 条件は？　認定・治ったが障がいが残った、などの2つ

☞ A と B 両方の条件を、満たす必要があります。

A 「業務災害 88ページ」か「通勤災害 89ページ」の認定を受けた

B 傷病は治った（固定した）が、障害等級1級～14級にあてはまる障がいが残った

3 金額は？　障害等級ごとに、年金1・年金2・一時金などの合計額

☞ 1級～7級は、ⓐ 年金1 ＋ ⓑ 年金2 ＋ ⓒ 一時金 が給付されます。

☞ また、1級～7級の公務員は、ⓐ ＋ ⓑ ＋ ⓒ に、さらに ⓓ 一時金2 も追加されます。

公務員の場合、ⓑ は ⓐ の額の20%

障害等級→		1級	2級	3級	4級	5級	6級	7級
ⓐ	年金1（平均日給の日数分）	313日分	277日分	245日分	213日分	184日分	156日分	131日分
ⓑ	年金2（平均ボーナスの日数分）	313日分	277日分	245日分	213日分	184日分	156日分	131日分
ⓒ	一時金（障害等級ごとに一律）	342万円	320万円	300万円	264万円	225万円	192万円	159万円
ⓓ	一時金2（障害等級ごとに一律）	1,435万円	1,395万円	1,350万円	865万円	745万円	620万円	500万円
	※通勤災害の場合→	915万円	885万円	855万円	520万円	445万円	375万円	300万円

ⓓ は公務員のみ

☞ 8級～14級は、1回だけもらえる**一時金 ⓐ + ⓑ + ⓒ** の合計額です。年金はありません。

☞ また、8級～14級の公務員は、ⓐ + ⓑ + ⓒ に、さらに ⓓ **一時金4** も追加されます（一時金4つ）。

▶ **公務員**の場合、ⓑ は ⓐ の額の **20%**

障害等級→	8級	9級	10級	11級	12級	13級	14級
ⓐ 一時金1（平均日給の日数分）	503日分	391日分	302日分	223日分	156日分	101日分	56日分
ⓑ 一時金2（平均ボーナスの日数分）	503日分	391日分	302日分	223日分	156日分	101日分	56日分
ⓒ 一時金3（障害等級ごとに一律）	65万円	50万円	39万円	29万円	20万円	14万円	8万円
ⓓ 一時金4（障害等級ごとに一律）	320万円	255万円	200万円	150万円	110万円	80万円	50万円
※通勤災害の場合→	190万円	155万円	125万円	95万円	75万円	55万円	40万円

ⓓ は公務員のみ

→ 実際の給付は2か月ごとに

ⓐ 平均日給の計算は **92ページ** 1 と同じ
ⓑ 平均ボーナスの計算は **94ページ** 3 と同じ

4 等級1～7級の人が亡くなったときは？　遺族へ一時金

☞ 1～7級の受給者が亡くなり、その人が受け取った ⓐ **年金1** の額が下の表の金額未満なら、その「差額」が一時金として遺族に支払われます。

「差額」計算用の表	等級1級	等級2級	等級3級	等級4級	等級5級	等級6級	等級7級
ⓐ 年金1（平均日給の日数分）	1340日分	1190日分	1050日分	920日分	790日分	670日分	560日分

5 ほかの障害年金との関係は？　同時に受給OK（減額あり）

☞ 国民年金（障害基礎年金 **50ページ**）や厚生年金（障害厚生年金 **60ページ**）と一緒に受給できます。ただし、下のように労災のほうが一部減額されます。

→ 遺族年金・老齢年金との組合せだと、減額はない！

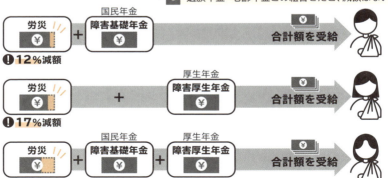

④ 労災保険

97

④ 労災保険 遺族への金銭給付・1

遺族補償年金（業務災害）・遺族年金（通勤災害）　公務員は一時金の額が違う

1 内容は？　遺族への補償

👉 仕事・通勤が原因で亡くなった人の遺族に、2種類の年金などを給付します。

2 条件は？　認定をうけ、一定の遺族がいること

👉 A と B 両方の条件を、満たす必要があります。

A 「業務災害 88ページ」か「通勤災害 89ページ」の認定を受けた

B 下の 3 に当てはまる遺族がいること

いなければ　遺族補償一時金・遺族一時金　100ページ

3 誰がもらえる？　故人が生計を維持していた一定の遺族

👉 遺族の範囲と順位があり、下の中で一番高い順位の人がもらえます。

順位	対象となる遺族
1	妻・60歳以上か障がいのある夫
2	18歳までの子・障がいのある子
3	60歳以上か障がいのある父母
4	18歳までの孫・障がいのある孫
5	60歳以上か障がいのある祖父母
6	18歳までの兄弟姉妹・60歳以上か障がいのある兄弟姉妹
7	55歳以上60歳未満の夫
8	55歳以上60歳未満の父母
9	55歳以上60歳未満の祖父母
10	55歳以上60歳未満の兄弟姉妹

同じ順位の人がいたら等分する

7位〜10位の人は、実際の給付は60歳になってから

4 金額は？ 遺族の数に応じて、年金1・年金2・一時金などの合計額

👉 ⓐ **年金1**＋ⓑ **年金2**＋ⓒ **一時金** の合計額がもらえます。遺族の数で金額が変わります。→ 実際の給付は2か月ごとに

ⓐ 平均日給の計算は 92ページ ❶ と同じ
ⓑ 平均ボーナスの計算は 94ページ ❸ と同じ
→ 公務員の場合、ⓑ は ⓐ の額の20%

遺族の数→	1人	55歳以上の妻・障がいのある妻の場合、175日分	2人	3人	4人以上
ⓐ **年金1**（平均日給の日数分）	153日分		201日分	223日分	245日分
ⓑ **年金2**（平均ボーナスの日数分）	153日分		201日分	223日分	245日分
ⓒ **一時金**（みんな共通）	300万円				
※公務員の場合→	業務災害…2,035万円　／　通勤災害…1,345万円				

例 給料月20万円、ボーナス年間60万、10月に傷病、遺族3人

ⓐ 年金1（平均日給）　　20万円×3か月÷92日×80％＝約 **5,200円**
ⓑ 年金2（平均ボーナス）37.9万円÷365＝約 **1,040円**

（92ページ ❶ の計算式より）（94ページ ❸ の計算式より）

ⓐ は **5,200円**×223日分＝年額 116万円（**月額 9.6万円**）
ⓑ は **1,040円**×223日分＝年額 23.2万円（**月額 1.9万円**）

つまり **毎月11.5万円** をずっともらえる。さらに、
ⓒ **300万円** を1回もらえる。　→ 公務員なら 2,035万円か1,345万円

5 いつまでもらえる？ 年齢や親族関係の条件を満たしている間

👉 子の場合は年齢が18歳を超えるまで、親族の場合は親族関係がなくなるまで、ずっともらえます。

18歳までの子 → 19歳の年度になると **給付終了**
親族関係がなくなると **給付終了** 故人 ✕

6 ほかの遺族年金との関係は？ 同時に受給OK（減額あり）

👉 国民年金（遺族基礎年金 52ページ）や厚生年金（遺族厚生年金 ）と一緒に受給できます。ただし、下のように労災のほうが一部減額されます。

→ 障害年金・老齢年金との組合せだと、減額はない！

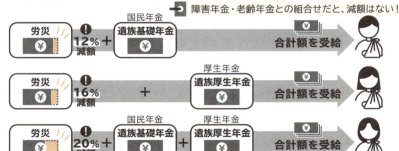

④ 労災保険 遺族への金銭給付・2

遺族補償一時金（業務災害）・遺族一時金（通勤災害） 公務員は金額などが違う

1 内容は？ 遺族補償年金・遺族年金の受給者がいないとき

👉 遺族補償年金・遺族年金（98ページ）の対象者がいない場合に、ほかの遺族に3種類の一時金を給付します。

2 条件は？ 認定と、遺族年金を受けられない一定の遺族

👉 A と B 両方の条件を、満たす必要があります。

A 「業務災害（88ページ）」か「通勤災害（89ページ）」の認定を受けた

B 下の3に当てはまる、「遺族補償年金・遺族年金（98ページ）」をもらえない遺族がいること

3 誰がもらえる？ 表で一番高い順位の人がもらえる

👉 表の中で一番高い順位の人がもらいます。同じ順位なら等分します。

サラリーマン（被用者）の場合

順位	対象となる遺族
〈1〉	配偶者
〈2〉	死亡した労働者に生計を維持されていた子・父母・孫・祖父母
〈3〉	2に該当しない子・父母・孫・祖父母
〈4〉	兄弟姉妹

→ 同じ順位の人がいたら等分する

公務員の場合

順位	対象となる遺族
〈1〉	配偶者
〈2〉	死亡した公務員に生計を維持されていた子・父母・孫・祖父母・兄弟姉妹
〈3〉	1・2に該当しない、死亡した公務員に生計を維持されていた人
〈4〉	2に該当しない、子、父母、孫、祖父母、兄弟姉妹

→ 同じ順位の人がいたら等分する

4 金額は？　3つの一時金の合計額（1回のみ給付）

👉 年金ではなく3種類の ⓐ + ⓑ + ⓒ **一時金** の給付です。公務員は金額が異なります。

サラリーマン（被用者）の場合

ⓐ 一時金1	平均日給の1000日分
ⓑ 一時金2	平均ボーナスの1000日分
ⓒ 一時金3	一律で300万円

- ⓐ 平均日給の計算は 92ページ **1** と同じ
- ⓑ 平均ボーナスの計算は 94ページ **3** と同じ

公務員の場合

	3の表 の〈1〉〈2〉〈4〉の人	**3の表** の〈3〉のうち 3親等内で・18歳未満・55歳以上・障がいのある人	左記以外
ⓐ 一時金1	平均日給の1000日分	平均日給の700日分	平均日給の400日分
ⓑ 一時金2		ⓐの額の20%	
ⓒ 一時金3	2,035万円	1,425万円	815万円
※通勤災害→	1,345万円	940万円	560万円

5 はじめは**遺族補償年金・遺族年金**(98ページ) **3の表の人が引き継ぐ**を**受け取る人がいた**けど、あとから**いなくなったとき**は？

👉 遺族補償年金・遺族年金(98ページ)を受けていた人が権利を失った場合、**3**の表の中で一番高い順位の人が、遺族補償一時金・遺族一時金を受け取ることになります。一時金の額は、次の手順で計算します。

① **4**の表で一時金の額を算出する

② すでに遺族補償年金・遺族年金として誰かに支払われていた分を、①の額から差し引く

③ 残りの額が、遺族補償一時金・遺族一時金として、**3**に該当する人に給付される

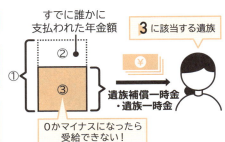

すでに誰かに支払われた年金額

0かマイナスになったら受給できない！

3に該当する遺族

遺族補償一時金・遺族一時金

④ 労災保険

101

④ 葬儀費用の給付
労災保険
葬祭料

1 内容は？　労災保険から葬儀費用の給付

👉 仕事・通勤上の理由で亡くなった人の葬儀の費用を、遺族などに対して給付します。

2 条件は？　認定と葬儀の実施

👉 **A** と **B** 両方の条件を、満たす必要があります。

| A | 「業務災害 88ページ」か「通勤災害 89ページ」の認定を受けた |

| B | 葬儀を実施した |

遺族がいない時は、遺族以外でOKの場合も！

3 金額は？　下の ア か イ のどちらか高い方

👉 平均日給をベースとして計算をし、高い方をもらいます。

| **ア** 平均日給の30日分＋31.5万円　　**イ** 平均日給の60日分

日給 ×30日分＋ 31.5万円

ⓐ 平均日給の計算は 92ページ 1 と同じ

日給 ×60日分

102

仕事と社会保障 パート2 育児休業について

パート1は 65ページ

1 なんのため？ おもに1歳未満の子の、育児のための休み

👉 子育て中のサラリーマン（性別は問いません）が、おもに1歳までの子の育児に専念できるようにする休業です。会社は休ませる義務があります。

 → 育児休業申請 →
← 休ませる義務 ←
1か月前までに申請　会社は休業を拒否できない　会社

休業の取得者に対して解雇など不利益を与えることは違法！都道府県の労働局や弁護士に相談を

2 条件は？ 1歳未満（特別な場合は2歳未満）の子がいること

👉 休業できるのは、おもに子が1歳になるまでです。保育園に入れないなどの事情があれば、2歳まで延長可です。パートやアルバイトの人は、条件があります。

 配偶者が専業主婦/主夫でもOK
 1歳まで（事情があれば）2歳まで 育児
 Check!
 育児休業制度（厚生労働省）

3 期間は？ おもに子が1歳になるまで。2回に分けてもOK

👉 子が1歳になるまでの間、取得できます。2回に分けることもできます。

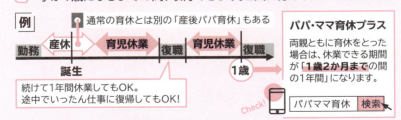

例
通常の育休とは別の「産後パパ育休」もある
勤務　産休　育児休業　復職　育児休業　復職
　　　誕生　　　　　　　　　　1歳
続けて1年間休業してもOK。
途中でいったん仕事に復帰してもOK！

パパ・ママ育休プラス
両親ともに育休をとった場合は、休業できる期間が「**1歳2か月までの間の1年間**」になります。

 Check!
パパママ育休 検索

4 休業中の**生活費**は？ 雇用保険から出る

👉 育児休業中の生活費保障は、条件を満たせば、雇用保険から給付されます。

育児休業給付金 114ページ

103

⑤ 雇用保険などのしくみ

失業などへ保障のしくみ
失業保険 **退職手当** **求職者支援制度** など

雇用保険は、**失業した（しそうな）ときの生活費を保障**したり、失業前からの**職業訓練を受けやすく**したりするしくみです。

サラリーマン（労働者）は自動的に加入します。

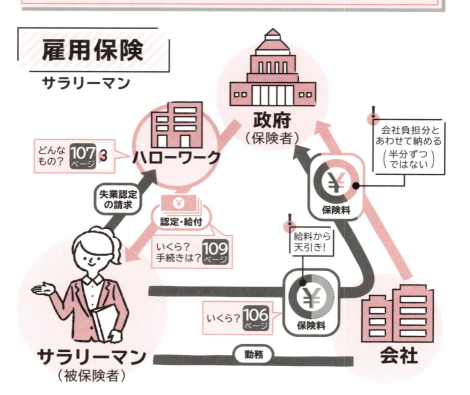

104

公務員の人は、原則として**雇用保険には加入しません。**
ただし、勤務先から支給された退職手当（退職給付）が、もしサラリーマンだったら受け取れたはずの雇用保険の金額よりも少ない場合には、その**差額を受けとる**ことができます。手続きは**ハローワーク**で行います。

公務員の退職手当 111ページ

雇用保険に加入できない人（自営業・フリーランス・**公務員**）や、**雇用保険の給付を使い切った人**は、一定の条件を満たせば、**求職者支援制度**を利用することができます。

求職者支援制度 122ページ

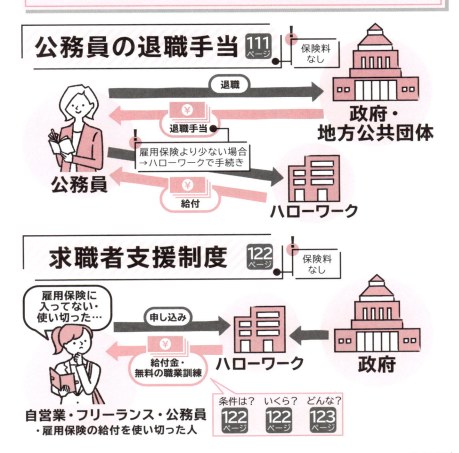

105

⑤ 加入者・保険料・ハローワーク
雇用保険の加入者・金額・納め方とハローワーク

雇用保険など

1 加入者は？　サラリーマン（労働者）全員！

👉 会社などに勤めて働く人（労働者）は、雇用保険に、自動的に加入します。年齢や働き方によって、**4つの種類**があります。

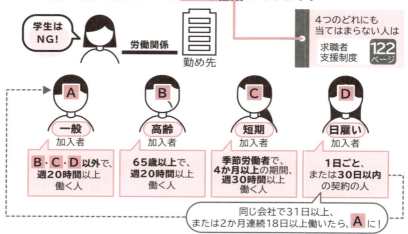

4つのどれにも当てはまらない人は
求職者支援制度　122ページ

学生はNG！　労働関係　勤め先

A 一般加入者 — B・C・D以外で、週20時間以上働く人
B 高齢加入者 — 65歳以上で、週20時間以上働く人
C 短期加入者 — 季節労働者で、4か月以上の期間、週30時間以上働く人
D 日雇い加入者 — 1日ごと、または30日以内の契約の人

同じ会社で31日以上、または2か月連続18日以上働いたら、**A**に！

2 保険料の**金額**や**納め方**は？　A B C は天引き、D は手帳！

👉 勤め先が、本人への給料から0.6％（農林水産業や建設業は0.7％）を天引きし、勤め先が負担する0.95〜1.15％とあわせて、保険料として納付します（本人は特に何もする必要がありません）。

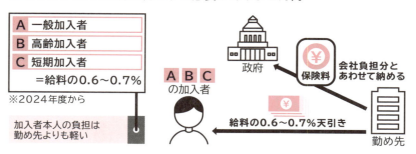

A 一般加入者
B 高齢加入者
C 短期加入者
　＝給料の0.6〜0.7％
※2024年度から

加入者本人の負担は勤め先よりも軽い

A B C の加入者　政府　保険料　会社負担分とあわせて納める　給料の0.6〜0.7％天引き　勤め先

D 日雇い加入者＝日給ごとの印紙代

👉 加入者は、ハローワークから「日雇い手帳」をもらい、会社に提出して、会社から手帳に「印紙」を貼ってもらいます。印紙代は、加入者と会社で半分ずつ負担します（会社は、それとは別に、一般的な保険料も支払います）。

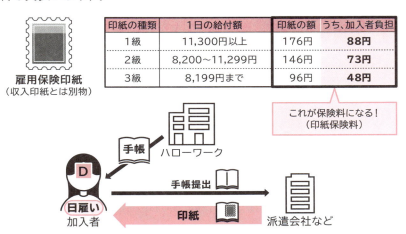

印紙の種類	1日の給付額	印紙の額	うち、加入者負担
1級	11,300円以上	176円	**88円**
2級	8,200〜11,299円	146円	**73円**
3級	8,199円まで	96円	**48円**

雇用保険印紙
（収入印紙とは別物）

これが保険料になる！
（印紙保険料）

3 ハローワークって？　雇用保険の手続きなどの窓口

👉 雇用保険に関する業務や、職業紹介などを実施する、国の機関です。雇用保険の給付をもらうときなどは、ここで面談などの手続きを行います。全国各地にあります。

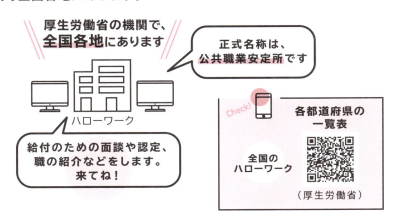

厚生労働省の機関で、**全国各地**にあります

正式名称は、**公共職業安定所**です

給付のための面談や認定、職の紹介などをします。来てね！

Check! 全国のハローワーク

各都道府県の一覧表

（厚生労働省）

107

⑤ 雇用保険など
失業中の生活費の保障
求職者給付

1 内容は？　再就職まで、以前の給料の約45〜80％を給付

☞ 失業してしまい、再就職しようとしているのにできない期間中の生活保障として、失業前の給料の45〜80％など（加入者の種類などで異なる）が給付されます。

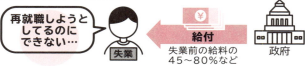

2 保険料の条件は？　加入者の種類ごとに異なる

☞ 保険料納付期間の条件については、**A** 一般加入者、**B** 高齢加入者と **C** 短期加入者、**D** 日雇い加入者で計算が異なります。

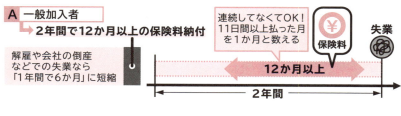

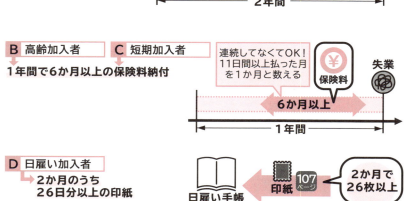

3 手続きは？ ハローワークで就活し、失業の認定を受ける

👉 ハローワークで、求人の検索や面談などの求職活動をして、失業の認定を受けます。認定の回数や期間は、**A**から**D**の加入者のタイプで異なります。

- **A** 一般加入者 → 28日ごと
- **B** 高齢加入者 ┐
- **C** 短期加入者 ┘ 1回
- **D** 日雇い加入者 → 毎日

そのつどハローワークへ

4 金額は？ 以前の給料の約45～80％、年齢などで変わる

👉 **A** 一般加入者、**B** 高齢加入者、**C** 短期加入者と、**D** 日雇い加入者で異なります。

- **A** 一般加入者
- **B** 高齢加入者
- **C** 短期加入者

給料が高かった人は、低い％に
45～80％
1日当たりの上限8,000円、下限2,000円（年齢で異なる）

D 日雇い加入者

印紙の種類	1日の給付額
1級	7,500円
2級	6,200円
3級	4,100円

印紙の種類と枚数で計算

5 いつまでもらえる？ 加入者ごとに一定期間または1回

👉 **A** 一般加入者、**B** 高齢加入者、**C** 短期加入者と、**D** 日雇い加入者で期間（回数）が異なります。
A 一般加入者の場合、失業してから最初の7日間はもらえません。

A のうち、自己都合で辞めた人や、定年退職者

保険料納付	5年未満	5～10年未満	10～20年未満	20年以上
給付日数	90日	90日	120日	150日

A のうち、倒産や解雇（会社都合）で失業した人

保険料納付	1年未満	1～5年未満	5～10年未満	10～20年未満	20年以上
30歳未満	90日	90日	120日	180日	（いない）
30～35歳未満	90日	120日	180日	210日	240日
35～45歳未満	90日	150日	180日	240日	270日
45～60歳未満	90日	180日	240日	270日	330日
60～65歳未満	90日	150日	180日	210日	240日

A 一般加入者
失業 — 7日後 — 基本手当 90～360日間
年齢や保険料納付期間で変わる

B 高齢加入者
¥ ×30日間（または50日間）
高年齢求職者給付金 を1回

C 短期加入者
¥ ×40日間を1回
特例一時金

D 日雇い加入者
¥ 日雇労働求職者給付金
13～17日間（印紙の枚数に応じて）
失業2日目から1日ごとに支給

▶▶次のページへ

109

6 ほかには？　A 一般加入者 だけに特別の給付あり

👉 A 一般加入者だけに、上乗せされる特別の給付があります。

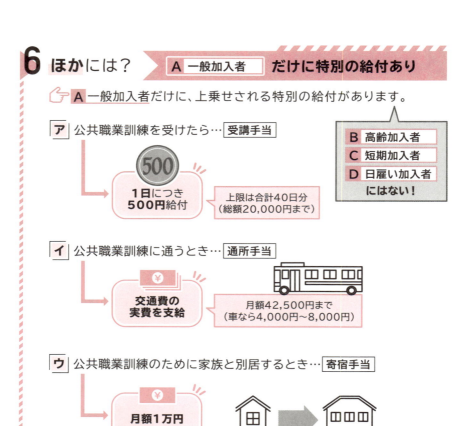

ア 公共職業訓練を受けたら…　受講手当
　1日につき 500円給付
　上限は合計40日分（総額20,000円まで）

B 高齢加入者
C 短期加入者
D 日雇い加入者
にはない！

イ 公共職業訓練に通うとき…　通所手当
　交通費の実費を支給
　月額42,500円まで（車なら4,000円～8,000円）

ウ 公共職業訓練のために家族と別居するとき…　寄宿手当

月額1万円

自宅 → 下宿
家族　　公共職業訓練

公務員の「退職金」
退職手当

⑤ 雇用保険 など

1 どんなもの？　公務員の「退職金」＝退職手当

👉 公務員は安定した仕事であるとの理由で、雇用保険の対象外になっていますが、民間企業の退職金に当たる「退職手当」は支給されます。

2 金額が少ないときは？　ハローワークで手続きを

👉 その公務員の人が、もしサラリーマンであれば受け取れたであろう雇用保険の失業給付の金額よりも、少ない退職手当しかもらえなかったときは、その差額が給付されます。ハローワークで手続きをしましょう。

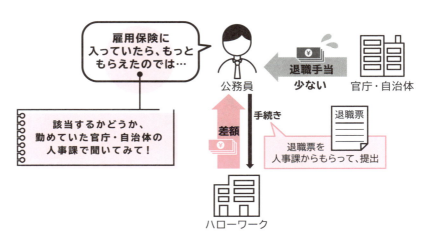

111

⑤ 職業能力を向上させる
教育訓練給付

（雇用保険など）

1 内容は？ 3タイプの教育訓練の費用を助成　失業していなくてもOK！

☞ 厚生労働省の指定する教育の講座などを受けたとき、その費用の一部を給付されます。**失業していなくてもOK**です。内容に応じて3つのタイプがあります。

2 条件は？　在職中か、失業後1年以内。雇用保険加入歴

☞ 現在在職中か、失業後1年以内（一定の場合は最大20年以内）の人が対象です。受講に必要な雇用保険の加入歴は、初めての受講かどうかで条件が異なります。

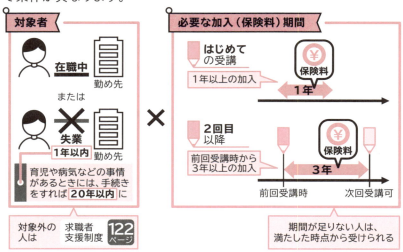

3 金額は？　3タイプそれぞれ、助成の割合や上限額が違う

👉 講座などの受講時または修了後に、受講費用の一定割合が、その人に給付されます。3つのタイプそれぞれ、助成の割合や上限額、期間などが違います。

4 手続きは？　ハローワークで手続き

👉 ハローワークで手続きをします。「専門実践」と「特定一般」は、事前に受講資格の確認が必要です。

5 どんな講座があるの？　合計1.4万種類！検索システムあり

👉 対象となる講座は、合計で約14,000個もあります。夜間や土日に受講可能なものもあるので、検索システムで調べてみましょう。

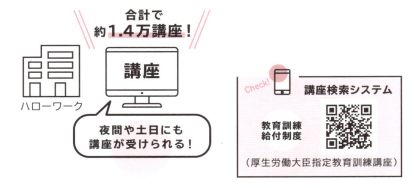

⑤ 休業中・高齢就業者への給付金
3つの雇用継続給付

雇用保険など

- ●育児のために休業するとき 👉 ● 育児休業給付金 （このページ）
- ●介護のために休業するとき 👉 ● 介護休業給付金 116ページ
- ●60歳以上で、以前よりも給料が下がったとき
  　　　　　　　　　　　　　👉 ● 高年齢雇用継続給付金 117ページ

● **育児**のために休業（育休）するとき　　育児休業給付金

1 内容は？ 育休中の生活費の保障

👉 育児休業中の生活費の保障です。106ページの **A** 一般加入者、**B** 高齢加入者だけが対象です。男女問わず受給できます。

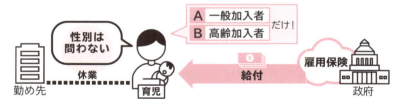

2 条件は？ 育児休業の取得、保険料の納付

👉 1歳（一定の場合は2歳）までの子のために育休を取ること、休業前の2年のうち半分（12か月）以上保険料を払っていることが条件です。

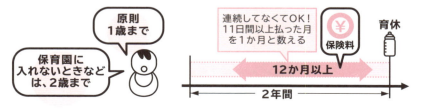

114

3 金額は? 以前の月給の67%または50%を、育休中に給付

👉 育休開始から最初の半年間は、以前の月給の67%が給付されます。残りの期間は50%が給付されます。期間は、子が1歳(一定の場合は2歳)になるまでです。

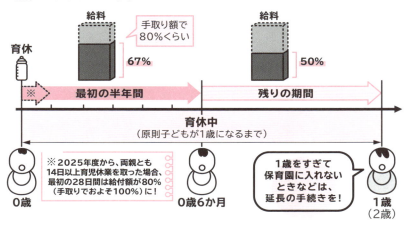

4 休業中も給料が出るときは? 合わせて80%が基準

👉 手当と会社からの給料を合わせて、以前の月給の80%になるかが基準です。休業中も、会社から以前の給料の80%以上が出るときは、手当はもらえません。

休業前給料の80%が基準

最初の半年間	
会社からの給料	育休給付の金額
13%以下	**67%**
13%超 80%未満	**80%との差額**
80%以上	**給付なし**

残りの期間	
会社からの給料	育休給付の金額
30%以下	**50%**
30%超 80%未満	**80%との差額**
80%以上	**給付なし**

家族の介護のために休業するとき　介護休業給付金

1 内容は？　介護休業中の生活費の保障

☞ 家族の介護で休業するときの生活費の保障です。106ページの A 一般加入者、B 高齢加入者だけが対象です。

2 条件は？　介護休業65ページの取得、保険料の納付

☞ 介護休業65ページを取得中であること、休業する本人が休業前の2年のうち半分（12か月）以上保険料を払っていること が条件です。

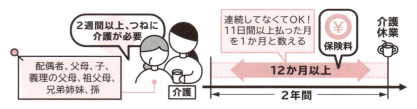

3 金額は？　以前の月給の67％を、最大93日間給付

☞ 以前の月給の67％が給付されます。期間は、介護の対象となる家族1人につき最大93日間で、3回まで分けて取得できます。65ページも見てみてください。

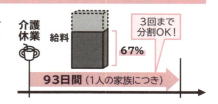

4 休業中も給料が出るときは？　合わせて80％が基準

☞ 手当と会社からの給料を合わせて、以前の給料の80％になるかが基準です。休業中も、会社から以前の給料の80％以上が出るときは、手当はもらえません。

会社からの給料	介護休業給付の金額
13％以下	67％
13％超 80％未満	80％との差額
80％以上	給付なし

● 60歳以上で給料が下がったとき　高年齢雇用継続給付金

1 内容は？　定年後再雇用などで下がった給料の補てん

　60～65歳の 106ページ A 一般加入者に対して、60歳時点から下がった給料の一部を補てんする仕組みです。いったん離職しての再就職でもOKです。

2 条件は？　60歳の時に比べて給料が75%未満・保険料5年間

　ア 給料の減少と イ 保険料の支払い期間の2つを満たす必要があります。また、いったん離職して、基本手当 109ページ 5 を受けてから再就職した人は、ウ 基本手当の残り日数が条件に加わります。

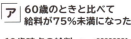
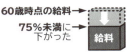
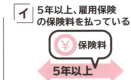

3 金額は？　現在の給料の15%を給付

　60歳以降（つまり減少後）の給料の原則として15%分が、雇用保険から給付されます。給付額の%は、給料の額で変動します。

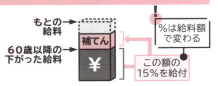

4 いつまで？　65歳まで／基本手当の残り日数に応じて

　65歳になるまで受給できます。ただし、いったん離職して基本手当を受けてから再就職した人は、基本手当の受給期間に応じて期間が決まります。

基本手当の 残り日数	手当の給付日数 ※65歳で終了
200日以上	1年間
100～199日	2年間

⑤雇用保険など

117

⑤ 再就職などの引っ越し費用
雇用保険など
移転費

1 内容は？　再就職・職業訓練のための、引っ越し費用

👉 ハローワークの紹介で再就職したり、職業訓練をうけるとき、引っ越し費用が給付されます。

2 条件は？　雇用保険資格・往復4時間以上など

👉 下記の4つの条件を、すべて満たす必要があります。

1 資格	2 再就職・訓練	3 距離	4 費用
108ページ 2のA〜D どれかの給付の資格 A 一般　B 高齢 C 短期　D 日雇い	・ハローワークの紹介で**再就職**する ・ハローワークの指示で**公共職業訓練**をうける	**往復4時間以上**、交通の便がすごく悪いなど	会社などから**費用が出ない** 足りないときもOK！

3 金額は？　家族の分も合わせて、引っ越し経路で計算

👉 下記の6種類について、通常の経路で計算されて支給されます。

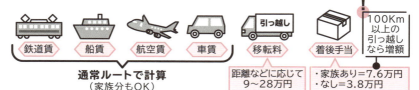

鉄道賃　船賃　航空賃　車賃　移転料　着後手当
通常ルートで計算（家族分もOK）
距離などに応じて 9〜28万円
・家族あり＝7.6万円
・なし＝3.8万円
100Km以上の引っ越しなら増額

4 手続きは？　引っ越しから1か月以内に、ハローワークで

👉 引っ越しから1か月以内に、引っ越し先の現地のハローワークに書類を出し、そのあと、勤めている会社にも書類を出します。

① 1か月以内 手続き
ハローワーク

引っ越し

② 書類 提出
勤め先

再就職のための支援
求職活動支援費

⑤ 雇用保険など

1 内容は？　交通費・子の預かりなど、就職活動の支援

☞ 再就職を支援するために、交通費や講座の費用、子どもの預かり費用などが給付されます。ハローワークで手続きをします。

2 種類と条件は？　3つの種類があり、条件がある

☞ 就職活動を支援するための、3つのしくみがあります。

ア 遠くまで就活する　→　広域求職活動費　… 4つの条件を満たす必要

交通費　宿泊費

1 資格
108ページ 2 の A〜D どれかの給付の資格
A 一般　B 高齢
C 短期　D 日雇い

2 常用
ハローワークの紹介で、常用求人

3 距離
200Km 以上

4 費用
会社などから費用が出ない
足りないときもOK！

イ 資格講座などの費用助成　→　短期訓練受講費　… 3つの条件を満たす必要

費用の20％
※上限10万円

1 資格
108ページ 2 の A〜D どれかの給付の資格
A 一般　B 高齢
C 短期　D 日雇い

2 就職指導
ハローワークから、事前に職業指導を受けた

3 講座内容
公的な資格取得のための、1か月未満の講座

ウ 子の一時預かりなど　→　求職活動関係役務利用費　… 2つの条件を満たす必要

保育サービス代の
費用の80％

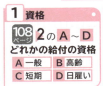
1 資格
108ページ 2 の A〜D どれかの給付の資格
A 一般　B 高齢
C 短期　D 日雇い

2 就職指導
・会社面接や筆記試験など
・ハローワークの指示する職業訓練や講座の受講など

面接や講座

119

⑤ 雇用保険など

早期に再就職できた人へ
就業促進手当

1 内容は？　早めに再就職した人への「ボーナス」

☞ 求職者給付 108ページ を受給している人が、給付日数を残すなど、早めに再就職したときにもらえます。

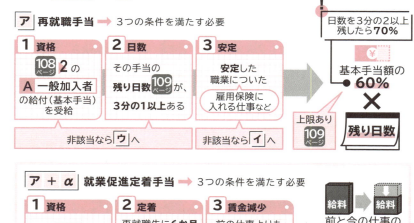

2 条件は？　3(+α)種類ある。手当日数を残すことが条件

☞ 早めの再就職と、職場への定着を促進するため、3つのしくみがあります。 ア + α は、ア のうち新しい職場に定着した人へのボーナスです。

ア 再就職手当 → 3つの条件を満たす必要

1 資格
108ページ 2の
A 一般加入者
の給付（基本手当）を受給

非該当なら ウ へ

2 日数
その手当の
残り日数 109ページ が、
3分の1以上ある

非該当なら イ へ

3 安定
安定した職業についた
雇用保険に入れる仕事など

日数を3分の2以上
残したら70%

基本手当額の
● **60%**
×
残り日数

上限あり 109ページ

ア + α 就業促進定着手当 → 3つの条件を満たす必要

1 資格
ア 再就職手当
を受給

2 定着
再就職先に**6か月以上勤めている**

3 賃金減少
前の仕事よりも
賃金が下がった

前と今の仕事の
給料の差額
×
再就職から
6か月間の
勤務日数

上限あり 109ページ

ア をもらった人が、その職場に長く定着できるようにするための給付

120

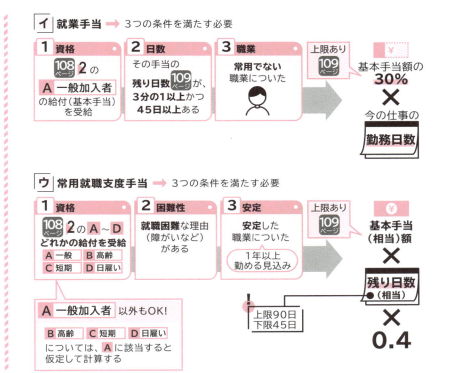

⑤ 雇用保険がもらえない人へ
生活支援金と無料の職業訓練（求職者支援制度）

1 内容は？　雇用保険のかわりのセーフティネット

☞ 雇用保険の加入対象外の人（自営業・フリーランス・公務員など）や、雇用保険の給付を使い切った人のための制度です。生活支援金と無料の職業訓練があります。

2 種類は？　生活支援の給付金と、無料の職業訓練

☞ 10万円の給付金と、無料の職業訓練があります。給付金をもらうには、無料の職業訓練 イ を受けることが条件です。両方とも、現在働いていてもOKです。

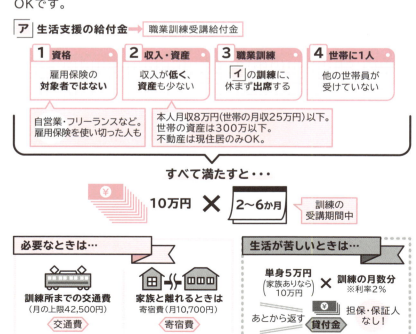

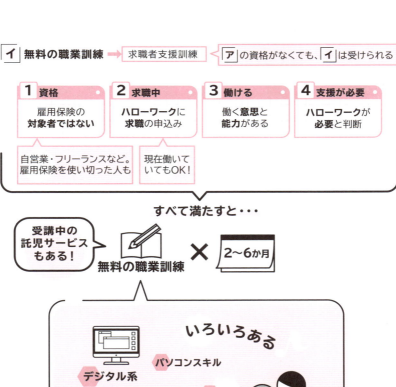

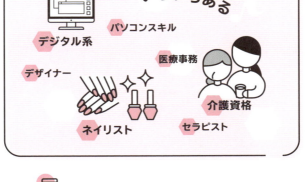

⑥ 社会手当のしくみ

児童手当など
- 児童手当　児童扶養手当
- 特別児童扶養手当・障害児福祉手当
- 特別障害者手当

社会手当は、**保険料を前もって払う必要もなく**、収入や資産の厳しいチェックもない、とても受け取りやすい給付です（ただし**所得制限**はある場合があります）。

社会手当には4種類あり、**子育て費用の補助**に関する給付が主です。

社会手当
子育て費用などへの補助（4種類）

⑥ 社会手当

● 児童手当

1 どんなもの？ 　**子育て費用への補助**

☞ 0歳から18歳の年度末までの子育て費用に対する補助です。子どもが生まれたら15日以内に、役所で手続きをしましょう。引っ越しや再婚・離婚などでも手続きが必要です。「現況届」の提出が求められることもあります。

2 いくら？ 　**1万円～3万円（子の年齢・人数で変わる）** 2024年10月から

☞ 金額は、子どもの数と年齢により計算します。支給は18歳の年度末までですが、子どもの数を 数える ときには、親が生活費を負担（援助）する22歳までの子どもを含めて数えます。

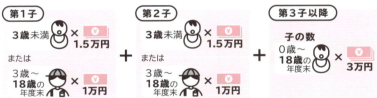

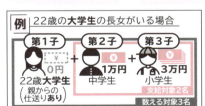

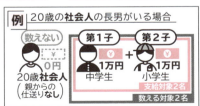

3 振り込みは？ 　**年に6回（2か月に1回）** 2024年10月から

☞ 10月分と11月分は12月に振り込まれるなど、2か月に1回振り込まれます。

125

● 児童扶養手当

1 どんなもの？　ひとり親家庭などへの支援

☞ ひとり親家庭や、両親ともいない家庭、親に障がいがある家庭などへの子育て支援です。対象となる子は、18歳未満（障がいがあれば20歳未満）の子です。婚外子も対象です。おもに市町村の役所で手続きをします。

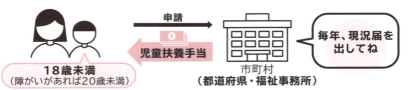

2 いくら？　約4.5万円（子の数と所得で変わる）

☞ 約4.5万円をベースに、子の人数で加算がされます。世帯の所得によって給付される金額が変わり、一定所得を超える世帯には支給がなくなります。

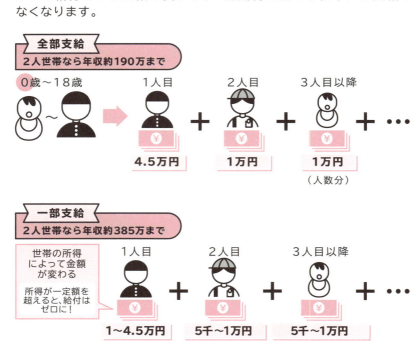

特別児童扶養手当・障害児福祉手当

1 どんなもの？　障がい児の家庭への支援

👉 障がいのある20歳未満の子どもを、自宅で育てる家庭への支援です。おもに市町村の役所で手続きをします。

20歳になったら障害年金（50ページ・60ページ）と下の ● 特別障害者手当

子が施設に入っていたら給付なし

毎年、現況届を出してね

申請 → 市町村（都道府県・福祉事務所）
← 手当

2 いくら？　障がいの重さに応じて、約5.5万円か3.6万円

👉 障がいの重さ（等級）で金額が決まります。障がいが重く、つねに介護が必要な場合は、別の手当も追加されます。どちらの場合にも、所得制限があります。

障害等級	特別児童扶養手当		障害児福祉手当
1級	5.5万円（所得制限あり）	＋	特に重度で、つねに介護が必要な場合
2級	3.6万円		1.4万円

障がい者手帳の等級とは一致しないことも

特別障害者手当

1 どんなもの？　障がいのある成人への支援

子が施設に入っていたら給付なし

👉 20歳以上で特に重い障がいがあり、在宅で生活する人への支援です。

2 いくら？　約2.9万：障害年金に加えて支給

所得制限あり

👉 およそ2.9万円が、障害年金とは別に支給されます。世帯の人数に応じた、所得制限があります。

障がいのある20歳以上 → 申請 → 市町村（都道府県・福祉事務所）← 約2.9万　＋　障害年金（50ページ・60ページ）

⑥ 社会手当

7 社会福祉のしくみ

社会福祉の中には、下のようなものが含まれます。

児童福祉 **障がい者福祉**
高齢者福祉 など

事前の保険料 ❌ いらない 利用料だけでOK!

　社会福祉は、**障がいや高齢、家庭状況**などによって、**日常生活に支障がある人**たちに対して、サービスを提供するしくみです。**事前の保険料などは不要**です（利用料はかかります）。

　社会福祉の各制度による、サービス提供のためのしくみは、大きく2つのパターンに分けられます。

　1つ目が、「措置（そち）方式」です。**利用者の相談**などに基づいて、**行政**（都道府県や市町村）が、サービスの内容や提供先などを**決定**する方法です。この措置方式は、**養護老人ホームへの入所**（143ページ）などで使われています。

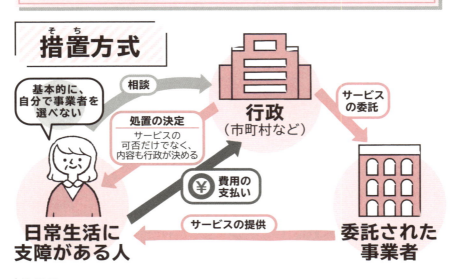

措置方式

基本的に、自分で事業者を選べない

日常生活に支障がある人 — 相談 → 行政（市町村など） — サービスの委託 → 委託された事業者

処置の決定（サービスの可否だけでなく、内容も行政が決める）

費用の支払い

サービスの提供

128

2つ目が、「契約方式」です。まず、**利用者の申請**に基づいて、行政（都道府県や市町村）が、サービスの利用の可否を認定します。そのうえで、利用者が、**自分の好きなサービス事業者を選んで**、契約を結び、サービスを受けます。現在の社会福祉では、ほとんどが契約方式になっています。

介護保険 66ページ 〜 81ページ も、この契約方式です

なお、措置方式と契約方式の中間的なしくみもあります。

保育園への入園 140ページ など

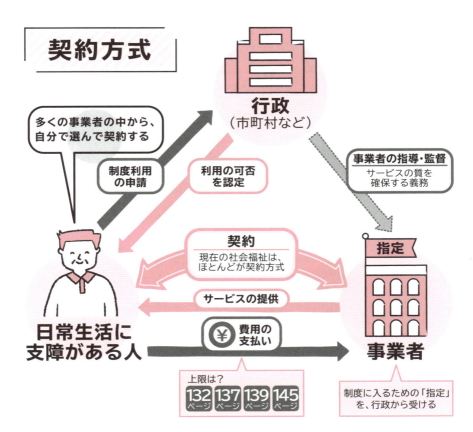

⑦ 障がいサービスの全体図
社会福祉
障がい者福祉（障害者総合支援）

1 どんなもの？　介護サービスや医療、働く訓練など

☞ 障がいのある人が生活しやすくするためのしくみです。保険料を払っておく必要はありません。利用のためには、役所に申請して支給決定を受ける必要があります。収入などに応じて利用者負担があります。

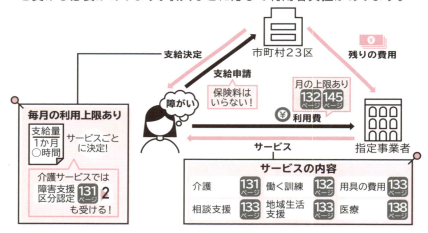

2 対象者は？　4つのカテゴリー。「身体」は手帳が必要

☞ 障がいごとに対象者が決まります。身体障がいの場合のみ、障害者手帳が必要ですが、ほかの障がいでも、手帳はあると便利です（交通機関の割引など）。

市役所で申請 → 障害者手帳

身体障がい等級表　　難病一覧
（厚生労働省）　（厚生労働省）

A 身体障がい者
- 18歳以上
- 1～7級の身体障がい
- 身体障害者手帳を取得している

B 知的障がい者
- 18歳以上
- 知的障がいがある

C 精神障がい者
- 18歳以上
- 精神障がいがある
  統合失調症、依存症など。発達障がいも含む

D 難病患者など
- 18歳以上
- 指定された特殊な病気
  369種類

130

障がいのある人への介護サービス ⑦
日常生活の支援や施設入所

社会福祉

1 どんなもの？　日常生活の支援のサービス

☞ 障がい者への介護サービスは、自宅または施設で提供されます。施設への入所のしくみもあります（介護保険のサービス 72ページ ～ 75ページ と似ています）。

訪問系 自宅に来てもらう	通所系 施設に通う・泊まる	入所系 施設で暮らす	いろいろ組み合わせる
■ホームヘルプ 介護や家事の援助など	■ショートステイ 施設に泊まる	■施設入所支援 暮らしの場と支援を提供	■重度障害者包括支援 重度の人にサービスを組み合わせて提供
■重度訪問介護 重度の人のホームヘルプ	■デイサービス 施設で入浴など	■グループホーム 少人数で共同生活	
■同行援護 視覚障がいの外出支援	■療養介護 医療処置も介護も		
■行動援護 知的・精神障がいの外出支援			

Check!
サービス一覧
独立行政法人ワムネットが詳しく紹介

2 条件は？　支給決定・障害支援区分認定・指定事業者

☞ 対象者は 130ページ 2 の A ～ D すべてです。支給決定 130ページ 1 に先立って、「障害支援区分認定」も受ける必要があります。都道府県知事が認定した事業者（指定事業者・指定施設）を選んで契約します。

3 利用料は？　世帯収入に応じた上限がある（ 132ページ 3 と同じ）

☞ 利用料の内容は、次のページ 132ページ 3 と同じです。

131

⑦ 障がいのある人への**働く訓練**など
社会福祉
自立訓練・就労支援

1 どんなもの？　生活や働くことの訓練のサービス

☞ 障がい者向けの、生活や働くことの訓練です。働く訓練にも利用料はかかりますが、内容に応じて、賃金や工賃などのお金を受け取ることができます。

日常生活の訓練	（共同生活 131ページ）	働くことの訓練		
自立訓練	グループホーム	就労移行支援	就労継続支援A型	就労継続支援B型
日常生活の訓練や身体のリハビリ	少人数で共同生活	一般就職のための職業訓練や相談支援	事業者・施設と労働契約を結び、賃金を受け取る	軽易な作業。「工賃」を受け取る

2 条件は？　支給決定・指定事業者

☞ 対象者は 130ページ 2の A 身体障がい者 B 知的障がい者 C 精神障がい者 D 難病患者など です。支給決定 130ページ 1 を受け、都道府県知事から認定された事業者（指定事業者・指定施設）を選んで契約します。

3 利用料は？　世帯収入に応じた上限がある

☞ 収入ごとの上限があります。ただし、食費・家賃などは算入できません。

●上限未満なら1割負担 ●他のサービスとの合算もできる 145ページ

区分	世帯の収入	毎月の負担上限
生活保護	生活保護受給	0円
低所得	住民税非課税	0円
一般1	住民税の所得割が16万円未満	9,300円
一般2	上記以外のすべての世帯	37,200円

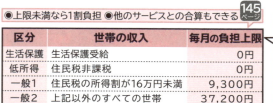

→ 就労継続支援A型は、利用料免除となる場合も！
→ 市町村独自の減額もある

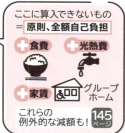

ここに算入できないもの＝原則、全額自己負担
＋食費　＋光熱費　＋家賃　グループホーム
これらの例外的な減額も！ 145ページ

132

障がいのある人へのその他の支援
福祉用具や相談支援

⑦ 社会福祉

1 どんな種類？　補装具費、相談支援、地域生活支援

👉 用具の購入支援や、相談支援、地域生活の支援のサービスもあります。

補装具費	用具を安く買える	義足、つえ、車いす、補聴器、歩行器など
相談支援	サービス利用支援	サービス利用時に必要な「サービス等利用計画」を作成
	地域移行支援	障がいがある人が、病院や施設を出て地域生活する支援
	地域定着支援	単身で生活する、障がいがある人への見守り
	継続サービス利用支援	サービス等利用計画が適切か、チェックと見直しをする
地域生活支援	地域での生活の支援（市町村や都道府県が独自に実施）	外出支援、手話通訳、創作活動の支援、成年後見の費用補助など

133

⑦ 社会福祉

障がいのある子の日常生活の支援
障害児福祉【1】

1 どんなもの？　18歳未満の、障がいがある子の「日常生活」の支援（介護）

☞ 障がいがある子に対する、日常生活のための介護サービスです。障害者総合支援法に基づいています。これとは別に、児童福祉法に基づく、「育ち」を支援するサービス 136ページ もあります。

自宅に来てもらう	施設に通う・泊まる	施設で暮らす
■ **ホームヘルプ** 食事・入浴・排泄など日常生活の介護	■ **短期入所** 数日間、病院・施設に泊まる	■ **障害児入所施設** 136ページ
■ **同行援護** 視覚障がいのある子の外出支援	■ **日中預かり** 日帰りで病院・施設で預かる	
■ **行動援護** 知的・精神障がいのある子の外出支援		

2 条件は？　支給決定（および障害支援区分認定）を受けて、指定事業者と契約

☞ 市町村から、支給決定を受けることが必要です。サービス内容によっては、障害支援区分認定も必要です。都道府県知事から認定された事業者（指定事業者・指定施設）を選んで契約します。

市町村　（障害支援区分認定＋）支給決定　障がい　契約　指定事業者

3 利用料は？　世帯収入に応じた上限がある

☞ 収入ごとの上限があります。ただし、食費・家賃などは算入できません。

●上限未満なら1割負担　●他のサービスとの合算もできる 145ページ

区分	世帯の収入	毎月の負担上限
生活保護	生活保護受給	0円
低所得	住民税非課税	0円
一般1	住民税の所得割が16万円未満	9,300円
一般2	上記以外のすべての世帯	37,200円

→ 市町村独自の減額もある

ここに算入できないもの
＝原則、全額自己負担
＋食費　＋光熱費
＋家賃　グループホーム
これらの例外的な減額も！ 145ページ

障がいのある子の小学校以降
障害児福祉【2】

⑦ 社会福祉

1 障がいがある子の**就学先**は？
> 障がいのない子と同じ学校に通う方法と、障がいのある子向けの学校に通う方法がある

👉 一般的な小学校・中学校・高校に通う方法の中にも、通常学級から特別支援学級まで、いくつかの方法があります。また、障がいがある子向けの「特別支援学校」には、小学部（学校によっては幼稚部）から高等部があります。

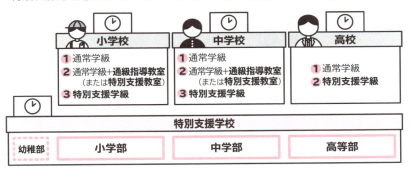

2 どうやって決める？
> まずは市町村の窓口で「就学相談」を

👉 障がいや子どもに関する窓口で、就学相談をして、何回か面談をしたのち、決定します。

3 費用は？
> 公立の特別支援学校は、授業料・入学料無料

👉 公立の特別支援学校では、高等部も含めて、授業料・入学料が無料です（教材費などはかかることがあります）。小学校・中学校は義務教育なので無料です。また、高校も世帯収入によっては実質無料になります。いずれも、教材費などの補助の制度があります。

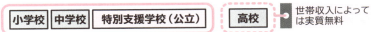

⑦ 障がいのある子の育ちの支援
社会福祉　障害児福祉【3】

1 どんなもの？ 18歳未満の、障がいがある子の「育ち」の支援

☞ 障がいがある子への支援は、「育ち」と「日常生活」に分けられます。そのうち「育ち」に関するものがこちらです。児童福祉法に基づきます。

障がい児の支援

障がいがある子を積極的に受け入れる幼稚園や保育園などもある　140ページ

→ 「育ち」の支援（養育・療育）→ 児童福祉法

日常生活の支援（介護サービス）→ 障害者総合支援法　134ページ

自宅に来てもらう（訪問系）	■ 居宅訪問型児童発達支援 0歳〜18歳までの重度の障がい児	重度の障がいで**外出が困難**な子が、**自宅で発達支援**をうける。
保育所などに来てもらう（訪問系）	■ 保育所等訪問支援 0歳〜18歳まで（おもに小学生まで）の障がい児	障がいのない子も含めた集団生活に適応できるように、**保育所や小学校、特別支援学校などに、専門家に来てもらい支援**をうける。障がいのある子本人だけではなく、**学校の先生たちへの支援も**。
施設に通う（通所系）	■ 児童発達支援 0歳〜小学校入学前までの障がい児 〔障がいのある子だけの、保育園・幼稚園のようなもの〕	家から通って、**日常生活上の基本的な動作の指導**などの支援をうける。さらに治療もするもの（医療型）もある。
	■ 放課後等デイサービス 小学生〜18歳までの学校に通う障がい児 〔学校と組み合わせて使うサービス〕	**放課後や夏休み**などの学校がない時間・時期に、**居場所づくり**と生活能力の向上、**交流の支援**をする。通常学級に通う発達障がいの子なども対象。
施設で暮らす（入所系）	■ 障害児入所施設 0歳〜18歳までの障がい児 18歳以降は施設入所支援 131ページ	**施設に入って**、日常生活の指導や知識技能を付与してもらう。さらに治療もするもの（医療型）もある。

136

2 条件は？ 支給決定を受けて、指定事業者と契約

👉 訪問系と通所系は市町村・東京23区に、入所系は都道府県に申請をして、支給決定を受ける必要があります。そして、都道府県知事から認定された事業者（指定事業者・指定施設）を選んで契約します。

3 利用料は？ 世帯収入に応じた上限 132ページ 3 がある。食費軽減も

👉 利用料の上限は、132ページ 3 の表と同じですので、そちらの表を見てください（子どもが複数いたら、減額されるときもあります）。そのうえで、下の表のように、食費などの軽減があります。

→ 子どもが何人かいる世帯は、負担額が安くなる場合も！

通所系の食費の軽減（軽減後の負担額）

所得状況 132ページ 3	食費（月額）
低所得	2,860円
一般A	5,060円
一般B	11,660円 ※軽減なし

入所系の食費などの軽減

障害児入所施設	食費の減免（補足給付）
医療型障害児入所施設	医療費と食費の減免

4 障がいのある幼児は？ 3〜5歳児は利用料が原則無料

👉 満3歳になって初めての4月1日から3年間は、すべてのサービス利用が無料です（放課後等デイサービスは、対象年齢外のため除きます）。ただし、食費や医療費はかかります。

3歳児〜5歳児の年度は無料
※放課後等デイサービスは除く
¥0 無料
保育園・幼稚園の無料 140ページ と対応

無料の対象外（自己負担）
➕食費 ➕医療費

⑦ 障がいのある人・子への医療
社会福祉
自立支援医療ほか

1 どんなもの？　医療保険の自己負担分をさらに減額

👉 障がいの改善のための医療費を保障する仕組みがあります。130ページ 2 の障がいの分類とは少し異なるので注意しましょう。市町村などの支給認定が必要です。

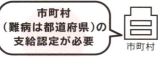

2 内容や条件は？　障がいの種類ごとに制度が異なる

👉 障がいの種類ごとに異なる制度が使われます。130ページ 2 の分類では「障がい」であっても、この医療費補助のしくみでは対象外になるものもあります。

難病患者（341種類）
→「指定難病」と診断され、病状が基準に達している

指定難病一覧（厚生労働省）

→ **特定医療費（指定難病）**
難病法による医療費助成

精神障がい（何歳でも）
→ 通院が継続的に必要（統合失調症など）

向精神薬、精神科デイケア

→ **精神通院医療**
自立支援医療の1つ

身体障がい
→ 手術すれば障がいがなくなるか、軽くなるものが対象

18歳以上
⚠ 手帳が必要！📖

視覚・聴覚・言語の障がいへの手術、肢体不自由（人工関節）、体の内部の障がい（ペースメーカー、移植、透析）など

→ **更生医療**
自立支援医療の1つ

18歳未満

→ **育成医療**
自立支援医療の1つ

知的障がい
→ 医療費の保障のしくみなし

→ ほかの障がいも併有していれば、そちらで対象になる

3 自己負担の額は? 種類・世帯収入ごとに月額の上限あり

世帯の収入に応じて、それぞれの制度ごとに、1か月の自己負担額に上限があります。医療を受ける本人が18歳未満の場合、それぞれの地域の子ども医療費制度 42ページ によって、さらに自己負担分が少なくなることがあります。

患者本人が18歳未満なら、ア イ どちらも 子ども医療費の対象にも! 42ページ

ア 難病の月額上限

→ かかった費用が上限額未満なら2割（75歳以上で一定所得以下なら1割）負担

治療費総額5万円以上（自己負担額ではない）が年間6回以上

階層区分	階層区分の基準 【 】内の数字は、夫婦2人世帯の場合における年収の目安		自己負担上限額（外来+入院） 患者負担割合：2割		
			一般	高額かつ長期	人工呼吸器等装着者
生活保護	—		0円	0円	0円
低所得Ⅰ	市町村民税非課税（世帯）	本人年収〜80万円	2,500円	2,500円	1,000円
低所得Ⅱ		本人年収80万円超〜	5,000円	5,000円	
一般所得Ⅰ	市町村民税	課税以上7.1万円未満【約160万円〜約370万円】	10,000円	5,000円	
一般所得Ⅱ		7.1万円以上25.1万円未満【約370万円〜約810万円】	20,000円	10,000円	
上位所得		25.1万円以上【約810万円〜】	30,000円	20,000円	

※出典：難病情報センター（公益財団法人難病医学研究財団が運営）を参考に一部改変

イ 身体障がい・精神障がいの月額上限

	市町村民税			市町村民税非課税		生活保護世帯
	年間課税所得			本人年収		
	235,000円以上	33,000円以上235,000円未満	33,000円未満	800,001円以上	800,000円以下	
精神通院医療・更生医療	対象外	医療保険の高額療養費制度 36ページ が適用される		5,000円	2,500円	0円
育成医療	対象外	10,000円	5,000円	5,000円	2,500円	0円
重度かつ継続	20,000円	10,000円	5,000円	5,000円	2,500円	0円

高額の治療を長期間継続する必要のあるとき（更生・精神通院・育成の3つとも対象）

→ かかった費用が上限額未満なら、1割負担

※出典：厚生労働省のウェブサイトを参考に一部改変

ア イ どちらも 上限の対象外（自己負担） 入院時の食費

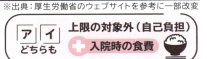

⑦ 社会福祉

⑦ 保育園・幼稚園など
社会福祉
小学校より前の保育・教育

1 保育園と幼稚園どっちに入る？ 「保育の必要性」で判断

☞ 保護者の共働きや妊娠、病気など、保育園などで子どもを預かる必要（保育の必要性）があるかどうかで決まります。保育の必要性は、市町村から認定を受けます。

保育の必要性
- 共働き　妊娠・出産　病気・障がい
- 親族の看護・介護　　就職活動
- 学校通学　虐待・DV　など

保育園などの場合、市町村から保育の必要性の認定を受ける必要！

あり → 保育園など（**2・3**）でも、幼稚園（**4**）でもOK！

なし → 幼稚園（**4**）へ

2 保育園などの種類は？ 年齢などによって異なる

☞ 「保育園」には0歳から小学校入学前まで入れます。また、0歳から2歳の年度末までを預かる「地域型保育」というしくみがあります。いずれも、市町村から「保育の必要性の認定」を受ける必要があります。いろいろな種類があるので、家族や子どものニーズに合ったものを選べます。

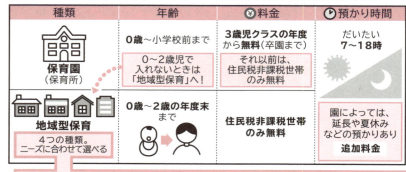

140

3 認証保育所・認可外保育所って？ 通常の保育所とは異なる基準あり。入りやすさや費用が違う場合も

👉 園の広さや保育士の数などが、通常の保育所とは異なります。費用や入りやすさが、通常の保育園と違う場合があります。一定金額までの無償化のしくみを使うには、「保育の必要性」の認定が必要です。

料金
- 3～5歳児クラスは**月3.7万円まで無料**
- 0～2歳児クラスの住民税非課税世帯は**月4.2万円まで無料**

4 幼稚園って？ 主に小学校前の「教育」が目的

👉 主に教育を目的とします。延長での預かりをする園もあります。

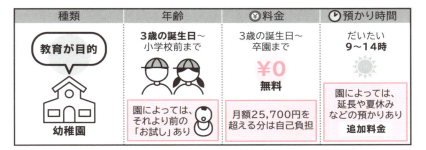

5 認定こども園って？ 保育園・幼稚園、両方のはたらき

👉 幼稚園と保育園の両方の機能を持っています。料金や時間などは、保育が必要な子かどうかによって違います（**2**・**4**）。

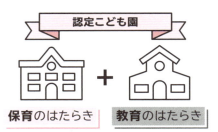

2024～2025年度は一部の地域でお試し実施中！

こども誰でも通園制度（仮称）

（こども家庭庁）

⑦ 病児保育などの子育て支援
社会福祉
乳幼児から高校生までの一時的な預かりなど

1 どんなもの？　子どもの病気・親の用事・放課後などの預かり

👉 子どもが病気だけど家で看病できないときや、保護者が用事で子どもを見られないときなどに、子どもを預かるサービスです。

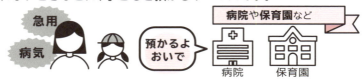

2 どんな種類？　乳幼児向けから、高校生も使えるものまで

👉 子どもの年齢や状況、保護者の状況によって、いろいろな種類があります。当日利用ができるものもあります。都道府県や市町村の独自のサービスもあるので、役所の子育て支援に関する窓口で聞いてみてください。

しくみの名前	どんなもの？	対象は？	どこで？
病児保育	子どもが病気になったけど、保護者が家で看病できないとき、子どもを病院などで預かる	0歳～小学6年生まで	専用のスペースのある、病院（小児科）や保育園など
一時預かり	保護者が冠婚葬祭や通院のとき、保護者のリフレッシュが必要なとき、子どもを保育園などで預かる	生後6か月～小学校入学前まで	専用のスペースのある、病院（小児科）や保育園など
放課後児童クラブ	小学校の放課後の時間、保護者がいつも仕事などで家にいないとき、子どもを小学校で預かる	小学生	一部の小学校
ファミリーサポートセンター	子育ての支援を受けたい人と、支援をしたい人をマッチングして、お互いに助け合う	0歳～小学6年生まで	いろいろな場所
子育て短期支援（子どもショートステイ）	保護者が病気などで、家庭での子どもの養育が困難なとき、子どもを数日間、宿泊付きで預かる	0歳～高校生まで	児童養護施設や乳児院

3 金銭面の支援は？　給食費や学納金の免除など 157ページ

👉 学校での費用（給食費など）に関する金銭的な支援は、給食費・学納金の援助 157ページ を見てください。

養護老人ホーム・軽費老人ホーム
高齢者の福祉のための住まい

⑦ 社会福祉

1 どんなもの？　困窮・低所得などの高齢者への住まい

👉 所得が低い・家庭の環境上の事情がある、などの高齢者のための住まいです（老人福祉法）。介護保険の施設との違いは、介護サービスをメインとしない点 です。ただし、要介護認定 70ページ を受ければ、介護保険サービスも受けられます。

養護老人ホーム
- 原則、**65歳**以上
- 経済的に**困窮**
- いろいろな事情から、自力での**生活が難しい**

介護が主目的ではない
＝要介護でなくても入れる

要介護認定 70ページ を受けたら、介護保険サービスも受けられる！

軽費老人ホーム
- **60歳**以上で所得が**低い**
- **A型**、**B型**、ケアハウスなどの種類がある
- **B型** 以外は**食事も**提供

民間による高齢者向け住まいは
サービス付き高齢者向け住宅（サ高住）・有料老人ホーム 05 06 159ページ

2 入所方法や金額は？　行政の決定（措置）と契約で異なる

👉 養護老人ホームは行政による措置、軽費老人ホームは通常は契約の方式です。どちらの場合も、役所の福祉や高齢者に関する部署に、まずは相談しましょう。

介護保険サービスを使うときは、その分の自己負担が必要

決定（**措置**）　市町村・東京23区

- **行政の決定**が必要
  ＝ハードルがある
- 費用は**とても安い**
  （所得に応じて決定）
- 入居金も**なし**

入所 → 養護老人ホーム

- **契約**で入居＝ハードル低い
- 費用は**所得に応じて**決定
  （施設ごとに異なる。大まかには、月々およそ6～15万円）

契約　入所 → 軽費老人ホーム

143

⑦ お金の管理などのお手伝い
社会福祉
日常生活自立支援

1 どんなもの？　ひとりでお金の管理などが不安な人に、福祉サービスや生活上の手続きを支援

👉 自分だけでお金などの判断をするのが不安な人に、お金の管理をはじめ、福祉サービスの利用や家を借りるときの手続き、行政への申請の手続きなどを支援するしくみです。

福祉サービスの利用手続き　公共料金の支払い
クーリングオフ　お金の管理　家の賃貸契約　など

「お金の管理などが不安…」認知症など

「お手伝いします！」支援員　社会福祉協議会

2 どんな人が対象？　認知症、障がいなどで判断が不安な人

👉 認知症や精神障がい、知的障がいなどがあり、お金の管理や書類の書き方などで困っている人が対象です。ただし、この制度のしくみを理解できることが必要です。

認知症・精神障がい・知的障がいなどで、日常生活の手続きなどに不安がある…　制度を使える人

この制度を理解できる

理解が難しい人は、成年後見 03 04 を利用

3 手続き・料金は？　社会福祉協議会で手続き。相談は無料

👉 地域の社会福祉協議会（社協）で手続きをします。相談は無料ですが、実際に制度を利用することになったら、利用料が必要です（ただし、生活保護を受けている世帯は利用料も無料です）。

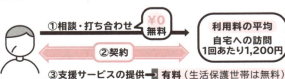

①相談・打ち合わせ　¥0 無料
②契約
③支援サービスの提供 → 有料（生活保護世帯は無料）
利用料の平均　自宅への訪問 1回あたり1,200円
支援員　各市町村にある 社会福祉協議会

自己負担の上限と食費などの割引 ⑦ 社会福祉
利用費を合算した上限額と補足給付

1 利用料が高すぎるときは？ 介護保険などと合算した上限額あり

👉 福祉サービスの利用料などと介護保険の利用料を合算して、上限まで支払えばOKです（高額障害福祉サービス等給付費）。ただし、自立支援医療など138ページは合算の対象外です。払い戻しを受けるには、役所への申請が必要です。

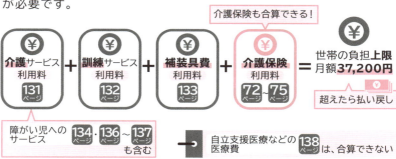

2 食費・居住費などが高すぎるときは？ 所得が低いときは例外的に減額

👉 食費や居住費などは原則自己負担ですが、所得が低いときは、例外的に減額されます（補足給付）。

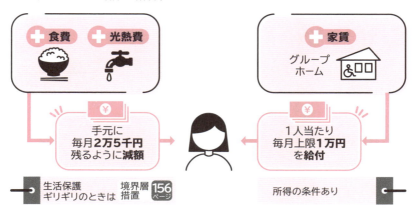

145

⑧ 生活保護などのしくみ

困窮者の支援と生活保護のしくみ

- 生活困窮者自立支援
- 生活福祉資金の貸し付け
- 生活保護 など

さまざまな事情から**困窮してしまった人**に対する社会保障としては、3つがあります。3つとも、**事前の保険料の支払いなどは必要ありません**。

生活困窮者自立支援 [148ページ]

● 第1に、**家賃を給付**することで「住居」という生活の基盤を確保しつつ、仕事につくための手助けを行い、本人の自立を支援するしくみがあります（生活困窮者自立支援）。

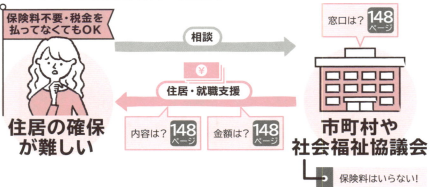

生活福祉資金の貸し付け 149ページ

●第2に、社会福祉協議会が、**生活資金を貸してくれる**しくみがあります（生活福祉資金）。低金利で、保証人がいらない場合もあります。

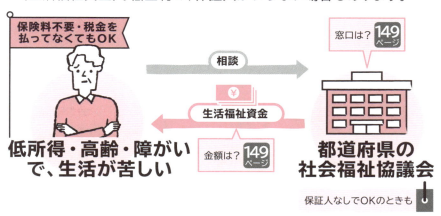

生活保護 150ページ〜155ページ

●第3に、ほかのしくみでは足りないときの「**最後のセーフティネット**」として、生活保護があります。生活保護は、憲法に基づく権利です。

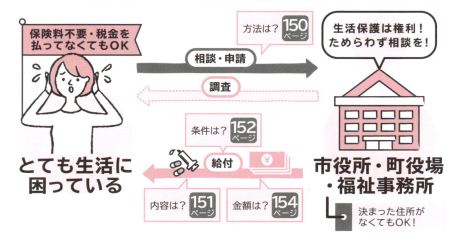

147

⑧ 生活保護より前のセーフティネット
生活困窮者自立支援

1 どんなもの？ 　生活保護にいたる前の自立支援

👉 失業などで生活に困った人に対して、生活保護にいくよりも前に、自立のために必要な支援を行います。保険料などは必要ありません。

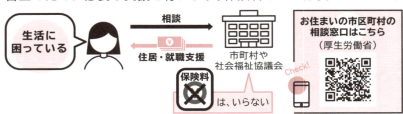

お住まいの市区町村の相談窓口はこちら
（厚生労働省）

2 内容は？ 　住居の確保と、その人に必要な支援

👉 まず、行政が、一人ひとりのために支援のプランを作ります。住居などの生活の土台を確保したうえで、自立に向けた支援を行います。図のなかの任マークは、自治体の任意のしくみなので、実施していない地域もあります。

住居確保給付金

家賃の実費を支給（上限額は市区町村ごと）。期間は原則3か月（最大9か月）。

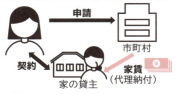

家賃（代理納付）

A〜Dの4つの条件を、すべて満たす必要があります。

A	離職・廃業後2年以内、または離職・廃業に近い収入減少
B	直近の月の世帯収入が基準以下
C	世帯の預貯金が基準以下
D	求職活動をすること

自立相談支援	任 一時生活支援
一人ひとりに合わせた支援プランを作る	住居がない人に宿泊場所や衣食を提供（収入基準あり。自立支援も実施）
任 就労準備支援	任 家計改善支援
社会や他人とのかかわり方から就職まで、半年〜1年のプログラムで支援	家計の課題を「見える化」し、必要な支援（貸し付け金など）につなげてくれる
任 子どもの学習・生活支援	任 就労訓練
勉強、生活習慣、居場所づくり、進学支援など。子どもと保護者を支援	いろいろな働き方で働く場を提供。一般就職が難しい人にも作業機会を提供

困窮した人への貸し付け金
生活福祉資金

⑧ 生活保護 など

1 どんなもの？　福祉の機関からお金を借りられる

👉 低所得者や高齢者、障がい者の世帯に対して、社会福祉協議会が貸し付けを行います。利率が低く、保証人なしで借りられるときもあります。

低所得・高齢・障がいで、生活が苦しい… → 相談 → 都道府県の社会福祉協議会（保証人なしでOKの場合も）
← 生活福祉資金（利率1.5%。無利子の場合も！）

2 内容は？　いろいろな事情をカバー。まずは相談を！

👉 大きくは4種類です。相談内容によって、どの種類でカバーされるか決まってきます。まずは社会福祉協議会に相談してみましょう。

総合支援資金
生活費や敷金礼金、滞納した公共料金の支払い など

福祉資金
さまざまな事情をカバー

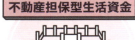
返済期限は種類ごとに異なる
（10年・20年が多い）

不動産担保型生活資金
高齢者限定。土地を担保に貸し付け

教育支援資金
高校・大学・専門学校の費用

Check!
社会福祉協議会の一覧
（社会福祉法人 全国社会福祉協議会）

⑧ 生活保護のしくみと内容
8種類の扶助

1 生活保護ってどんなもの？　生存権に基づく生活保障

👉 憲法25条の生存権に基づく、生活保障のしくみです。保険料は必要なく、税金で運営されています。「最後のセーフティネット」とも呼ばれます。

2 申請の方法は？　書面が基本だが、口頭でもOK

👉 生活保護の申請は、口頭でもできます。申請の手伝いについては、弁護士・司法書士・行政書士、NPO法人の職員などが、無料相談会などを開催しています。

150

3 保護の**内容**は？ 8種類の内容がある！

👉 日常生活に必要な費用についての「生活扶助」のほか、その人の状況に応じた8種類の内容があります。

生活扶助	日常生活に必要な費用	食費・洋服代・光熱水費等。居住地や世帯員数、年齢等で計算（加算）される。
住宅扶助 自宅の保有も見て！ 152ページ	アパートの家賃など	実費・上限あり（東京23区・単身世帯なら月額上限53,700円）。住宅の補修費も。
教育扶助 就学援助制度も見て！ 157ページ	小・中学校に必要な学用品費	教材代、学校給食費、交通費は実費。クラブ活動費は実費・上限あり（中学校は年間上限59,800円）。
医療扶助	病院代	診察や治療にかかる費用（実費）。病院に直接支払われるため、本人負担なし。
介護扶助	介護サービス費用	介護保険サービスの利用費（実費）。サービス業者に直接支払われるため、本人負担なし。
出産扶助	出産費用	実費・上限あり（病院での出産なら上限311,000円）。分娩や検査、部屋代など。
生業扶助	働くために必要な費用	実費・上限あり。仕事に必要な資金・器具費、洋服代など。高校の修学費用も含む。
葬祭扶助	葬祭費用	実費・上限あり（都市部などで大人の場合は上限額215,000円）。葬祭を行う費用、読経料など。

⑧ 生活保護など

151

⑧ 生活保護を受ける条件
資産と能力の活用など

1 生活保護の**条件**は？　A 資産の活用 ＋ B 能力の活用

👉 生活保護を受けるためには、まず自分の生活のためにあらゆるものを活用する必要があります（補足性の要件）。とくに資産と能力の活用が重要です。

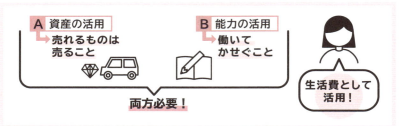

A 資産の活用

貯金や不動産（自宅については下記）、貴重品などは、**売って生活費にあてる**こと。ただし、**保有を認められるもの**もあります（電化製品などについては、その世帯にとって必要で、その地域で**7割ほど普及している場合**）。

株や貴金属	売る必要
売って生活費にあてる必要	

自動車	売る必要
（125cc以下のバイクは、OKな場合も）	
例外 障がいがある、公共交通機関がない	

貯金	使い切る必要
ただし、一定の額については保有が認められる場合も	

保有OK	自宅
住んでいる家は保有OK（売値が高い場合は売る必要あり）	

保有OK	電化製品
普及率が高く、ぜいたく品でないものは保有OK（冷蔵庫・洗濯機・エアコンなど）	

保有OK	スマホ・パソコン
普及率が高く、就職にも役立つ	

解約すればお金が戻ってくる保険	民間保険	学資保険（子供の教育資金が目的）
解約が原則。ただし、戻ってくるお金も保険料も少額のときなどは継続OK		解約して戻ってくるお金が50万円以下であれば**継続したままでOK**

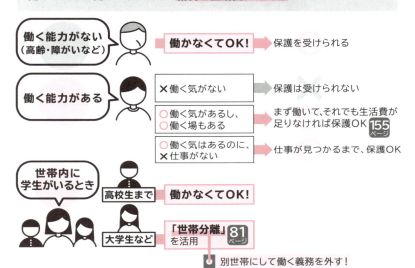

2 家族・親族の**援助**は？ 生活保護より優先だが、条件ではない

👉 困窮した人に対して、その家族・親族（扶養義務者。夫婦・子・親・兄弟姉妹など）が援助できる場合は、行政から援助が求められることがあります。ただし、家族・親族が援助をしないときでも、保護を受けることは可能です。

3 **緊急時**は？ 条件を満たさなくとも、取り急ぎ保護

👉 緊急の状況にあるときは、条件を満たさなくとも取り急ぎ保護を行い（急迫保護）、あとから現金が入ったときなどに返還する方法があります。

⑧ 生活保護の金額の計算
最低生活費と収入認定

1 どう計算？　ア 最低生活費から イ 収入を差し引く→ ウ 金額

👉 まず「最低生活費」を算出し、次にその世帯の実際の「収入」を認定・計算します。その2つを差し引きして、生活保護の金額が決まります。その世帯の収入が最低生活費を上回っていたら、不支給（0円）です。

ア 最低生活費 → その世帯で月々必要な金額を、保護基準を使って算出

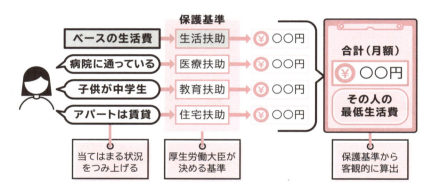

生活扶助の基準額（月額）の例 — 地域や世帯によって金額が異なる

	東京23区など	地方郡部など
3人世帯（33歳、29歳、4歳）	164,860円	145,870円
高齢者単身世帯（68歳）	77,980円	68,450円
高齢者夫婦世帯（68歳、65歳）	122,460円	108,720円
母子世帯（30歳、4歳、2歳）	196,220円	174,800円

※2024年度。児童養育加算等含む

※厚生労働省ウェブサイト参照

154

イ 収入認定 ➡ その世帯に月々どれくらいの収入があるかを調査

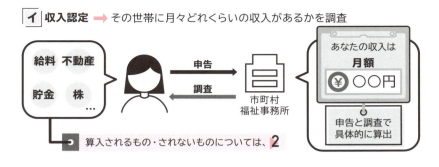

ウ 保護の有無と金額 ➡ 「**ア**最低生活費 − **イ**収入 = **ウ**月々の保護費」

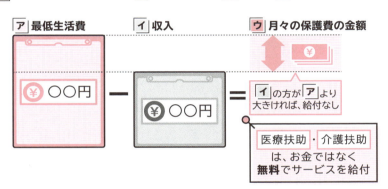

2 何が「**イ**収入」に当たる？　原則すべてだが一部例外も！

👉 原則は、世帯に入ってくるすべての金銭が収入認定の対象です。ただし一部、収入とは扱われないものや、収入から差し引かれるものがあります。その結果、最低生活費を超えるお金を持つことができる場合があります。

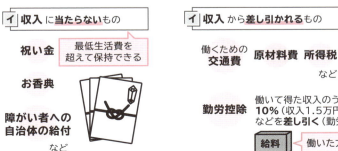

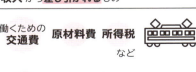

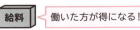

155

⑧ 生活保護など

生活保護ギリギリの人への割引き
境界層（該当）措置

1 どんなもの？　　生活保護の境界線上の人への、保険料・サービス利用料などの割引き

👉 現在の収入が生活保護のライン(154ページ)をなんとか超えているけど、医療保険や介護保険などの保険料や医療費、サービス利用料などを支払ったら生活保護が必要になってしまう人に対して、保険料やサービス利用料などを減額します（境界層措置）。

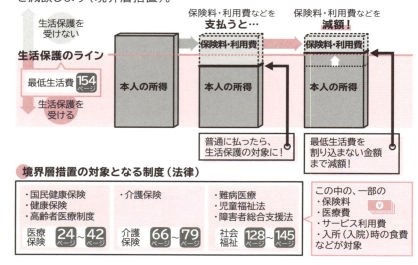

2 手続きは？　　市町村に生活保護の申請(150ページ)をする

👉 その人の世帯にとっての生活保護のラインや、その人の収入・資産の状況などを確認するために、生活保護の申請をすることが必要です。

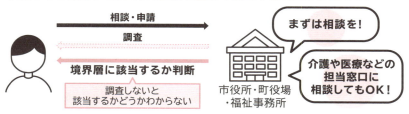

小・中学校の給食費・学納金の援助
就学援助制度

⑧ 生活保護 など

1 どんなもの？ 給食費など、小・中学校で必要な費用の援助

👉 義務教育に必要な費用（給食費や学納金など）に対する金銭的な援助です。**生活保護を受けていない人**でも、この**就学援助制度を受ける**ことができます。

生活保護を受けてなくてもOK！ → 経済的困難 →申請→ 市町村 → 給食費や修学旅行費など
← 就学援助

2 対象者は？ 2つのタイプ。2つ目は市町村ごとに異なる

👉 対象者は2つのタイプに分かれます。1つが、A 要保護者（生活保護を受けている人や、受けていないけど収入が最低生活費を下回っている人 154ページ）です。もう1つが、B 準・要保護者です。B については、各市町村が決めます。

A 要保護者（世帯）
- 生活保護を受給している
- 受給していないけど、生活保護ライン154ページを下回っている

就学援助

学用品費　通学費　修学旅行費
医療費　学校給食費　クラブ活動費
生徒会費　PTA会費　卒業アルバム代
オンライン学習通信費　など

B 準・要保護者（世帯）
- 左の A ほどではないが、経済的事情で学校生活が困難だ

就学援助
費目の内容も、各市町村が決める

具体的な基準は各市町村が決める

例 福岡市 ●児童扶養手当126ページ受給世帯
●日雇い労働世帯　●国保27ページか国民年金47ページ
●住民税非課税世帯　の保険料全額免除世帯　など

3 窓口は？ 市町村の教育委員会など。各市町村に窓口あり

👉 市町村ごとに担当窓口が設けられています。電話などで問い合わせてみましょう。

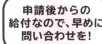

申請後からの給付なので、早めに問い合わせを！ → 市町村（教育委員会など）

ふろく10 11 160ページ も、あわせて参照！

都道府県ごと
Check!
就学援助の問い合わせ先
（文部科学省）

157

ふろく 01〜04

社会保障に関連する制度などを紹介します。この本のフローチャートや中身とあわせて、見てください。

山下

01 財産管理（委任）契約

自分の**財産の管理**や、**生活上の手続き**などについて、誰かに任せるという内容の契約です。

任せる

成年後見制度（下記 03 04）とは異なり、何をどのように管理してもらうかを自由に決めることができる反面、裁判所が関与しない・契約の実行過程のチェックをするのが困難などの点もあります。

02 遺言（いごん）・贈与・信託

遺言は、自分が亡くなった後に、**財産を誰にどのように渡すか**を決めるためのしくみです。

贈与は、亡くなる前後を問わず、自分の財産などを渡す契約（相手の同意が必要）です。

信託は、自分の財産を、一定の目的を定めて、運用したり引き継いだりしてもらうためのしくみです。

03 成年後見① 任意後見（契約）

将来、ひとりで契約や相続などをすることが心配になったときに備えて、あらかじめ**自分が選んだ人**に、将来的にしてほしいことなどを、**契約**で決めておくしくみです。

契約
任せる

公正証書という書類で契約を結びます。将来的に、家庭裁判所が任意後見のチェックをする人を選びます。

04 成年後見② 法定後見

障がいや高齢などによって、ひとりで契約、相続などの決定をすることが心配・困難な人のために、**契約などの代理や同意、取り消し**などをする人を**家庭裁判所が選ぶ**しくみです。

家庭裁判所

障がいなどの程度に応じて、後見・保佐・補助の3つがあります。

ふろく 05〜08

05 サービス付き高齢者向け住宅（サ高住）

高齢者向けの賃貸住宅で、入居者は**自由に生活**できます。日中は**介護**または**医療の専門家が常駐**します。

すべてのサ高住が、入居した高齢者の状況把握と、生活相談サービスを提供します。さらに、それぞれのサ高住が独自のサービスをつけています。

06 有料老人ホーム

介護付き・住宅型・健康型の3つがあり、それぞれ入居の対象者（自立や要介護などの状況）が異なります。

サ高住（左記 05）とは異なり、入浴や食事などの一日のスケジュールや、外出の制限があります。なお、サ高住の中にも、有料老人ホームにも該当するものがあります。

07 障がい者雇用率制度

企業や国・地方公共団体は、一定以上の割合で、**障がいのある人を雇用する義務**を負います。

その割合は、働いている従業員が40人以上の民間企業（短時間労働者＝パートタイマーを0.5人と数えます）は2.5％、国や地方公共団体は2.8％、都道府県の教育委員会は2.7％です。

08 iDeCoとNISA

iDeCoは、公的年金の上乗せになる年金を自分で形成するしくみです。そのため、原則**60歳**まで引き出すことができません。

NISAにはこのような制限がなく、**いつでも売却**できます。

どちらも、一定の範囲で、運用で出た利益が非課税になります。さらにiDeCoの場合は、掛金全額が所得控除の対象となります。

159

ふろく 09～12

労災民事訴訟（労災民訴） 09

労働災害・公務災害にあった場合、労災保険 82～102ページ とは別に、勤務先の会社などを訴えて**損害賠償**を求めることができます（労災保険の給付をめぐる裁判では国が相手方なので、相手方が違います）。

ただし、もし裁判に勝っても、もらいすぎにならないように調整がされます。

奨学金・授業料免除 10

奨学金には、日本学生支援機構や自治体などの**公的**な団体によるものと、**民間**の会社や財団によるものがあります。

公的な団体　　民間の会社や財団

それぞれ、給与型（返済不要）と貸与型（返済が必要。利子なしも利子ありもある）があります。
また、大学などには、**授業料免除**などのしくみがあります。

民間などの教育支援 11

経済的にきびしい家庭の子の**部活動費用・用具**の支援や、利用料が無料の**塾・勉強スペース**など、民間の団体などがいろいろな活動をしています。

また、各地域の自治体（行政）でも、独自の支援があるので、市役所や役場などで聞いてみてください。

ひとり親家庭の支援 12

お母さん、お父さんと子どもを支えるため、
①**子育てや生活**
②**就職**
③**養育費の確保**
④**お金のこと**
の4種類の支援があります。

こども家庭庁
あなたの支え

子ども家庭庁のサイト（QRコード）では、支援の内容や、お近くの相談窓口、民間の支援団体が紹介されています。ぜひ見てください。

【著者】
山下 慎一（やました しんいち）

1984年　長崎県生まれ
2006年　九州大学法学部卒業
2012年　九州大学大学院法学府
　　　　博士後期課程単位取得済退学
　　　　九州大学大学院法学研究科助教、
　　　　札幌学院大学法学部講師、
　　　　福岡大学法学部准教授を経て、
現　在　福岡大学法学部教授。博士（法学）（九州大学）
　　　　一般社団法人FUスポーツコミュニティ 理事

受賞歴

単著書籍『社会保障の権利救済：イギリス審判所制度の独立性と積極的職権行使』(2015年、法律文化社)により、2016年度日本社会保障法学会奨励賞受賞

ポスター「年金は人のためならず。」により、第1回令和の年金広報コンテスト(2020年、厚生労働省)年金局長賞(自由形式部門)受賞

単著論文「日本国憲法における「勤労の義務」の法的意義」福岡大学法学論叢65巻3号(2020年)559-602頁により、第15回社会倫理研究奨励賞(2021年、南山大学社会倫理研究所)受賞

共著論文「日本ラグビーフットボール選手会によるPlayer Development Programの実践報告」スポーツ産業学研究32巻4号(2022年)481-491頁により、2022年度日本スポーツ産業学会奨励賞受賞

社会保障のトリセツ　第2版

医療・年金・介護・労災・失業・障がい・子育て・生活保護
困ったときに役所の窓口に持っていく本

2022（令和4）年 9月15日　初　版　1刷発行
2024（令和6）年 9月15日　第2版　1刷発行
2025（令和7）年 2月15日　同　　　3刷発行

著　者　山下　慎一
発行者　鯉渕　友南
発行所　株式会社 弘文堂　　101-0062　東京都千代田区神田駿河台1の7
　　　　　　　　　　　　　TEL 03(3294)4801　振替 00120-6-53909
　　　　　　　　　　　　　https://www.koubundou.co.jp

ブックデザイン　加賀愛樹子
印　　　刷　　三報社印刷
製　　　本　　井上製本所

© 2024 Shin'ichi Yamashita. Printed in Japan

JCOPY　<(社) 出版者著作権管理機構 委託出版物>
本書の無断複写は著作権法上での例外を除き禁じられています。複写される場合は、そのつど事前に、(社)出版者著作権管理機構(電話03-5244-5088、FAX03-5244-5089、e-mail: info@jcopy.or.jp)の許諾を得てください。
また本書を代行業者等の第三者に依頼してスキャンやデジタル化することは、たとえ個人や家庭内での利用であっても一切認められておりません。

ISBN978-4-335-35997-2